didática
geral

```
D555    Didática geral / [Antoni Zabala ... et al.] ; consultoria
            editorial: Beatriz Vargas Dorneles ; [tradução: Carlos
            Henrique Lucas Lima...et al.]. – Porto Alegre : Penso, 2016.
            x, 197 p. ; 25 cm.

        ISBN 978-85-8429-090-1

        1. Educação. 2. Didática – Método de ensino.

                                                    CDU 37.02
```

Catalogação na publicação: Poliana Sanchez de Araujo – CRB 10/2094

didática geral

Consultoria editorial
BEATRIZ VARGAS DORNELES

Reimpressão 2019

2016

© Penso Editora Ltda., 2016

Gerente editorial: *Letícia Bispo de Lima*

Colaboraram nesta edição:

Editora: *Priscila Zigunovas*
Assistente editorial: *Paola Araújo de Oliveira*
Processamento pedagógico: *Lívia Allgayer Freitag*
Tradução: *Carlos Henrique Lucas Lima (Cap. 1)*
          Fátima Murad (Cap. 2)
          Patrícia Chittoni Ramos (Cap. 3)
          Cristina Maria de Oliveira (Cap. 4)
          Juliana dos Santos Padilha (Cap. 5)
          Magda França Lopes (Cap. 6)
Capa e projeto gráfico: *Tatiana Sperhacke*
Imagem da capa: *cheekylorns/iStock/Thinkstock*
Editoração: *Kaéle Finalizando Ideias*

Reservados todos os direitos de publicação à
PENSO EDITORA LTDA., uma empresa do GRUPO A EDUCAÇÃO S.A.
Av. Jerônimo de Ornelas, 670 – Santana
90040-340 – Porto Alegre – RS
Fone: (51) 3027-7000 Fax: (51) 3027-7070

SÃO PAULO
Rua Doutor Cesário Mota Jr., 63 – Vila Buarque
01221-020 – São Paulo – SP
Fone: (11) 3221-9033

SAC 0800 703-3444 – www.grupoa.com.br

É proibida a duplicação ou reprodução deste volume, no todo ou em parte,
sob quaisquer formas ou por quaisquer meios (eletrônico, mecânico, gravação,
fotocópia, distribuição na Web e outros), sem permissão expressa da Editora.

IMPRESSO NO BRASIL
PRINTED IN BRAZIL
Impresso sob demanda na Meta Brasil a pedido de Grupo A Educação.

Autores

- **ANTONI ZABALA**
  Universidade de Barcelona

- **LAIA ARNAU**
  Universidade de Barcelona

- **TERESA COLOMER**
  Universidade Autônoma de Barcelona

- **ANNA CAMPS**
  Universidade Autônoma de Barcelona

- **PHILIPPE PERRENOUD**
  Universidade de Genebra

- **EULÀLIA BASSEDAS**
  Equipe de Assessoramento Psicopedagógico (EAP) do VIII Distrito (Nou Barris), Barcelona

- **TERESA HUGUET**
  Equipe de Assessoramento Psicopedagógico (EAP) de Esplugues-Sant Just, Barcelona

- **ISABEL SOLÉ**
  Universidade de Barcelona

- **JAUME MARTÍNEZ BONAFÉ**
  Universidade de Valência

- **TIM BRIGHOUSE**
  Principal executivo do Conselho de Educação de Birmingham, Inglaterra, e professor na Universidade de Keele

- **DAVID WOODS**
  Responsável por estratégias de liderança no Conselho de Educação de Londres e professor convidado no Instituto de Educação de Londres

Apresentação

Esta obra tem vários objetivos. O principal deles é apresentar um conjunto de diferentes visões a respeito do que é didática hoje e fornecer subsídios para uma discussão profícua sobre o tema. Começamos com um capítulo que traz o histórico debate sobre as funções da escola e seus diferentes propósitos, escrito por Antoni Zabala e Laia Arnau. Ele mostra também as resistências da escola a novas necessidades e perspectivas que formam o contexto da didática hoje. O Capítulo 2, escrito por Teresa Colomer e Anna Camps, discute diferentes perspectivas da aprendizagem e do ensino da leitura, abordando o debate contemporâneo da didática da leitura e introduzindo o leitor ao tema do ensino de conteúdos específicos. Já o Capítulo 3, de Philippe Perrenoud, apresenta duas perspectivas para pensar o ensino: a pedagogia magistral e padronizada e a perspectiva de dirigir situações de aprendizagem. Tal capítulo é particularmente interessante para discutir a possibilidade de criar didáticas que envolvam propostas abertas e cheias de significado para os alunos. Discutem-se termos como "matriz disciplinar", "noções-núcleo" e "competências-chave" e sua importância para a didática. O Capítulo 4, de Eulàlia Bassedas, Teresa Huguet e Isabel Solé, parte de uma perspectiva de trabalho em equipe para pensar a didática na educação infantil, com as suas especificidades. O Capítulo 5, escrito por Jaume Martínez Bonafé, faz uma interessante descrição do que poderá ser o mundo no século XXII, com a contraposição de dois possíveis cenários escolares, em uma perspectiva instigante e desafiadora. O último capítulo, de Tim Brighouse e David Woods, mostra o que caracteriza professores bem-sucedidos em uma cultura de ensino-aprendizagem e quais as formas que tais professores desenvolvem para estabelecer suas relações com os alunos. Assim, este livro pode nos indicar outro de seus objetivos: tratar, de forma ampla, dos contextos e teorias que embasam a didática hoje, proporcionando uma introdução original ao tema, que, ao mesmo tempo, remeta a perspectivas de futuro para a área. Desejamos uma boa leitura a todos.

Beatriz Vargas Dorneles
Professora Titular do Programa de Pós-graduação em Educação da UFRGS

capítulo 1 — O objetivo da educação por competência é o pleno desenvolvimento da pessoa 1
- FORMAÇÃO INTEGRAL E PARA A VIDA: PRINCÍPIOS DE ACEITAÇÃO GERAL, MAS DE POUCA APLICAÇÃO 2
- O HISTÓRICO DEBATE SOBRE A ESCOLA QUE DEVE INSTRUIR OU A ESCOLA QUE DEVE EDUCAR 3
- O PAPEL DA ESCOLA EM QUESTÃO: NOVAS PERSPECTIVAS E VELHAS RESISTÊNCIAS 4
- QUAIS DEVEM SER OS OBJETIVOS DO ENSINO E, CONSEQUENTEMENTE, DAS COMPETÊNCIAS QUE ELE DEVE DESENVOLVER? 7
- OS OBJETIVOS DA EDUCAÇÃO, O SISTEMA EDUCACIONAL E O SISTEMA ESCOLAR 7
- A FAMÍLIA E A ESCOLA: UM DIÁLOGO DE RESPONSABILIDADES, MUITAS DELAS COMPARTILHADAS 13
- EXEMPLOS: INFORMES ESCOLARES E FINALIDADES EDUCACIONAIS 16

capítulo 2 — O ensino e a aprendizagem da leitura 25
- A CONCEPÇÃO DA LEITURA E SUAS IMPLICAÇÕES NO ENSINO 26
- ALGUMAS CONDIÇÕES PARA O ENSINO DA LEITURA 30
- O ENSINO DA COMPREENSÃO LEITORA 39

capítulo 3 — Organizar e dirigir situações de aprendizagem 65
- INTRODUÇÃO 66
- COMPETÊNCIAS ESPECÍFICAS 69
- CONSIDERAÇÕES FINAIS 85

capítulo 4 — Trabalho de equipe e projeto curricular de escola 89
- INTRODUÇÃO 90
- TRABALHO DE EQUIPE 90
- O PROJETO CURRICULAR DE ESCOLA 106
- OS COMPONENTES DO PROJETO CURRICULAR DE ESCOLA 116

capítulo 5 **Na escola, o futuro já não é o passado, ou é. Novos currículos, novos materiais** 149
   INTRODUÇÃO 150
   PRIMEIRO CENÁRIO: NOVAS TECNOLOGIAS, VELHAS PEDAGOGIAS 150
   SEGUNDO CENÁRIO: NOVOS TERRITÓRIOS DE ESCOLARIZAÇÃO – A CIDADE COMO LIVRO-TEXTO 152
   OS NOVOS MATERIAIS CURRICULARES COMO PRAXIOLOGIA 153
   A CIDADE COMO EXPERIÊNCIA CULTURAL E CURRÍCULO 160

capítulo 6 **Ensino e aprendizagem** 165
   CULTURAS DE ENSINO E APRENDIZAGEM 166
   PERSONALIZANDO A APRENDIZAGEM 176
   A CELEBRAÇÃO DO ENSINO E DA APRENDIZAGEM 187
   CARACTERÍSTICAS DE UMA ESCOLA DE APRENDIZAGEM 190
   CONSIDERAÇÕES FINAIS..191

   Índice 193

> 1

O objetivo da educação por competência é o pleno desenvolvimento da pessoa

ANTONI ZABALA E LAIA ARNAU

habilidades e competências

>> Questionar a baixa aplicação do princípio de formação integral da pessoa nas escolas diante da ampla aceitação de tal princípio nesse meio.
>> Comparar as propostas ideológicas referentes às finalidades da educação de diferentes instâncias.
>> Distinguir sistema educacional de sistema escolar.
>> Discutir as responsabilidades da escola e da família na educação e o papel do governo no que tange a essa questão.

neste capítulo você estudará:

>> O papel do ensino voltado para a formação integral e para a vida.
>> Um breve histórico acerca do debate sobre o papel da escola (instruir *versus* educar) e as novas perspectivas a esse respeito.
>> Propostas ideológicas de instâncias nacionais e internacionais sobre as finalidades da educação.
>> As responsabilidades da escola e as responsabilidades da família no que se refere à educação.

FORMAÇÃO INTEGRAL E PARA A VIDA: PRINCÍPIOS DE ACEITAÇÃO GERAL, MAS DE POUCA APLICAÇÃO

A obrigação de propor um ensino baseado no desenvolvimento das competências provém, em boa medida, da necessidade de uma alternativa a modelos formativos que priorizam o saber teórico sobre o prático, o saber pelo saber. Além disso, a maioria das declarações atuais sobre o papel do ensino consideram que ele deve se orientar para o desenvolvimento de todas as capacidades do ser humano, ou seja, para a formação integral das pessoas.

para refletir !!!

É importante compreender o uso do termo **competência** como uma forma de entender que o saber deve ser aplicável, que o conhecimento toma sentido quando aquele que o possui é capaz de utilizá-lo. No entanto, quando optamos pela formação integral ou para a vida, não apenas se entende que o conhecimento deve ser aprendido de modo funcional como também que, além disso, deve-se ser competente em outros âmbitos da vida, incluindo o acadêmico. É precisamente no âmbito escolar, em que pese sua história, o lugar no qual a formação em competências converte-se em uma verdadeira revolução.

Uma pesquisa sobre o uso do conceito **formação integral** em declarações de numerosas instâncias nos permite concluir que se trata de uma ideia amplamente compartilhada no ensino obrigatório. Dificilmente podemos encontrar opiniões que inicialmente não aceitem esse preceito. No entanto, como costuma ocorrer com muitas ideias, quando estas se situam no campo dos grandes princípios, existe um aparente acordo de que, de modo geral, tais preceitos ficam desmentidos no posterior desenvolvimento do currículo, no que tange aos seguintes aspectos:

- os objetivos educacionais;
- a definição das disciplinas ou áreas curriculares;
- a seleção dos conteúdos a serem aprendidos; e, em especial,
- a determinação dos critérios de avaliação.

O mesmo podemos dizer quando falamos do conceito **formar para a vida**. Dificilmente encontram-se opiniões que questionem que a educação deve ter como finalidade os meios para preparar para a vida. Todavia, na realidade, como resultado de décadas de uma escola propedêutica e seletiva, temos uma prática docente na qual a formação integral e a educação para a vida se reduzem, em todo o caso, a uma formação integral acadêmica e a um formar para a vida, ou seja, para a vida acadêmica. Sendo assim, vemos a necessidade de apontar para os argumentos a favor e contra a essas posições.

O HISTÓRICO DEBATE SOBRE A ESCOLA QUE DEVE INSTRUIR OU A ESCOLA QUE DEVE EDUCAR

A antiga controvérsia sobre o papel que deve ter a educação não adquiriu dimensões universais até este momento. Que a escola dever ser algo mais do que transmissora de conhecimentos, na realidade, de conhecimentos acadêmicos, é um desejo defendido historicamente desde que existem instâncias regidas pela formação.

Se nos fixarmos nos primeiros textos clássicos, a formação daqueles "sortudos" que tinham a oportunidade de recebê-la se definia a partir de intenções nas quais primava o desenvolvimento global da pessoa. A partir do século XVI, os ainda muito minoritários processos intencionais de ensino incluíam a leitura, a escrita, as noções matemáticas e as medidas que visavam ao desenvolvimento de outras capacidades. A formação religiosa a reguladora de todas elas.

A revolução burguesa promoveu a ampliação do ensino a um maior número da população, fundamentalmente membros da burguesia e da pequena burguesia. Produziu-se a extensão de modelos educacionais que, apesar de algumas intenções que se pretendiam educadoras, começaram a priorizar conteúdos que podiam ser vitais para a formação de uma elite universitária.

importante >>

Na revolução burguesa, ganha força a concepção de **escola** como primeiro e indispensável passo para aqueles que desejam chegar à universidade. Portanto, são conteúdos educacionais aqueles que são considerados pré-requisitos para os cursos universitários e que são agrupados em torno de disciplinas tradicionais e reconhecidas.

A escola marcada por seu caráter propedêutico condiciona, a partir da revolução burguesa, **o sentido do ensino**. Em que pese a possibilidade de um maior número de alunos frequentar a escola e a impossibilidade material de custear os custos de uma formação extensa para todos, origina-se o estabelecimento dos **percursos escolares**:

- um **curto**, dirigido à maioria da população; e
- outro **longo**, para aqueles que podem chegar até a universidade.

Os sistemas, que sempre foram seletivos, determinam, assim, de forma explícita e regulada, dois percursos educacionais subordinados um ao outro, ou seja, um ensino para todos, mas pensado como passo prévio, e a continuidade, outro ensino para uma minoria privilegiada.

importante >>

Com o estabelecimento dos dois percursos escolares, as etapas básicas, ou comuns, não são propostas em função de um conjunto de alunos que somente terá a possibilidade dessa formação, mas como uma fase a mais da formação "pré-universitária", determinando, de forma coerente com essa finalidade, uma seleção de conteúdos como condição para ter acesso aos diferentes cursos universitários.

O processo estabelecido pelos percursos educacionais faz com que a escola seja uma acumulação de saberes que, de modo geral, só são necessários para estudos posteriores. De algum modo, excetuando-se os recursos básicos de leitura, escrita, cálculo e noções gerais de geografia, história e ciências naturais, a escola promove uma formação para ser "competente" em algo que uma boa parte da população nunca vai necessitar.

Se a isso acrescentamos uma forma de ensinar baseada em modelos de transmissão e reprodução verbal, é lógico que, já nas primeiras décadas do século XX, surgiram, em todos os países, grupos de professores que questionaram em profundidade essa escola. Movimentos alternativos estenderam-se (sempre de forma minoritária) com diferentes nomes:

- escola moderna;
- escola ativa;
- escola nova;
- escolas progressistas;
- entre outras.

O PAPEL DA ESCOLA EM QUESTÃO: NOVAS PERSPECTIVAS E VELHAS RESISTÊNCIAS

Os movimentos educacionais supracitados defenderam, de forma unânime, dois fatores:

- a necessidade de que a educação escolar fosse pensada para a formação de todas as capacidades do ser humano; e
- a eficácia da escola para a formação nos conteúdos acadêmicos.

Apesar da força que esses movimentos adquiriram, foi necessário que transcorresse todo o século XX para que essas ideias se generalizassem e tomassem parte da formação inicial universitária dos professores e que a maioria dos sistemas escolares introduzisse, com muitas precauções, esses critérios.

para refletir !!!

A universalização do ensino nos países desenvolvidos e em desenvolvimento e a extensão de um pensamento democrático evidenciaram a fragilidade de um sistema escolar pensado para uma minoria "seleta", embora cada vez mais ampla, da população. Isso destacou, de forma incomparável, a incoerência de uma sociedade que se afirma democrática, mas que não oferece a toda a população uma formação que lhe seja útil em função de suas diversas possibilidades vitais e profissionais.

A dinâmica de globalização econômica, regida pelos mercados abertos, apesar de discretamente a favor dos mais poderosos e baseada em critérios de competitividade feroz, está evidenciando a necessidade de os países contarem com uma população na qual não apenas uma minoria esteja muito bem formada, mas todos os cidadãos estejam suficientemente preparados para exercer, de forma eficiente, sua profissão em seus diferentes níveis e intervir na sociedade com critérios e valores que permitam que ela funcione.

Isso representa uma mudança profunda e revolucionária no que se relaciona ao **significado do ensino**, pois, a partir desse raciocínio, devem-se formar profissionais universitários muito preparados, mas também outros muito bem formados em todos os setores, especialidades e níveis de desempenho. Há a necessidade de profissionais que, além de dominar os **conhecimentos** e as **técnicas** específicas de sua profissão, disponham de **atitudes** e **aptidões** que facilitem o trabalho nas organizações:

- ▶ capacidade de trabalho em equipe;
- ▶ empreendedorismo;
- ▶ aprender a aprender;
- ▶ adaptabilidade;
- ▶ empatia;
- ▶ etc.

importante

Na atual dinâmica de globalização econômica, a preparação profissionalizante deve abarcar uma formação que possibilite que os profissionais atuem como membros ativos de uma sociedade com comportamentos sociais segundo os modelos ideológicos dominantes, seja a partir de posições reprodutoras, seja de perspectivas mais ou menos transformadoras.

O velho debate entre a **função instrutiva**, acadêmica e profissionalizante, e a **visão educativa** do ensino toma, em nossos dias, um caráter universal ao instaurar-se uma corrente predominante, apesar de ainda minoritária para efeitos práticos, que entende que os sistemas educacionais devem abraçar o desenvolvimento integral das pessoas. A esse respeito, algumas perguntas podem ser feitas:

- ▶ Isso deve ser dessa forma, isto é, a escola deve realmente assumir esse papel?

- ▶ O sistema escolar deve adaptar-se ao que a escola é capaz de fazer ou, pelo contrário, a escola é que deve adaptar-se ao que deve ser ensinado para ser competente na vida?

- ▶ No caso de a primeira resposta ser afirmativa, pode a escola assegurar essa função?

- ▶ Uma estrutura com uma larga tradição de caráter universal e que repousa sobre formas de agir estáveis e sólidas, com uma classe docente formada, fundamentalmente, para instruir, pode cumprir com uma tarefa que vá além da de distribuir conhecimentos acadêmicos; entretanto, tudo isso não implica uma intromissão nas responsabilidades diretas das famílias?

- ▶ As competências que devem ser ensinadas pela escola são as que a família e a sociedade não podem ensinar?

- ▶ A seleção dessas competências é, portanto, por exclusão ou o critério deve ser a tradição do que sempre se ensinou na escola?

QUAIS DEVEM SER OS OBJETIVOS DO ENSINO E, CONSEQUENTEMENTE, DAS COMPETÊNCIAS QUE ELE DEVE DESENVOLVER?

importante »

> O primeiro passo para responder à pergunta de quais competências devem ser ensinadas está estreitamente relacionado à necessidade de definir e chegar a um consenso sobre qual deve ser a **finalidade** da educação.

Ao longo dos anos, diversas instâncias nacionais e internacionais expuseram suas propostas ideológicas relacionadas à finalidade da educação, em função do modelo de sociedade que defendem e do tipo de cidadão que pretendem formar (Quadro 1.1).

A partir da revisão das declarações de diferentes instâncias internacionais (Quadro 1.1), podemos atestar o modo explícito como é delegada aos poderes públicos a responsabilidade de promover ações para garantir a educação dos cidadãos em todas as suas capacidades. São enfatizadas especialmente aquelas ações relacionadas aos **valores** e aos **princípios éticos** considerados fundamentais.

Mesmo assim, o problema que propomos ainda não foi resolvido, pois podemos considerar que, mesmo que os estados devam assumir o dever de garantir a educação da população, alguns podem entender que sua ação deve circunscrever-se à promoção dos meios para que as famílias e outras instâncias sociais cumpram essa tarefa, delimitando a responsabilidade dos poderes públicos à formação de âmbito profissional.

OS OBJETIVOS DA EDUCAÇÃO, O SISTEMA EDUCACIONAL E O SISTEMA ESCOLAR

Situar o debate sobre qual deve ser o papel da escola no ensino obrigatório nos faz considerar os conceitos de educação formal, informal e não formal.

QUADRO 1.1 ▶ PROPOSTAS DE INSTÂNCIAS NACIONAIS E INTERNACIONAIS REFERENTES ÀS FINALIDADES DA EDUCAÇÃO

INSTÂNCIA	PROPOSTAS	SÍNTESE DAS PROPOSTAS
Declaração Universal dos Direitos Humanos (ORGANIZACIÓN DE LAS NACIONES UNIDAS, 1948)	O Art. 26.2 declara: "A educação deve primar pelo pleno desenvolvimento da personalidade humana e pelo reforço do respeito aos Direitos Humanos e às liberdades fundamentais. Deve favorecer a compreensão, a tolerância e a amizade entre todas as nações e todos os grupos sociais ou religiosos, e a difusão das atividades das Nações Unidas para a manutenção da paz".	▶ O pleno desenvolvimento da personalidade humana. ▶ O favorecimento da compreensão, da tolerância e da amizade.
Constituição espanhola (1978)	O Art. 27.1 estabelece que "todos têm o direito à educação". O Art. 27.2, por sua vez, determina que "[...] a educação terá por objeto o pleno desenvolvimento da personalidade humana no que diz respeito aos princípios democráticos de convivência e liberdades fundamentais".	▶ O pleno desenvolvimento da personalidade humana. ▶ O incentivo ao respeito aos princípios democráticos de convivência e às liberdades fundamentais.
Convenção sobre os Direitos da Criança (UNICEF, 1989)	O Art. 29 estabelece como uma das finalidades da educação "[...] inculcar na criança o respeito aos direitos humanos e às liberdades fundamentais e aos propósitos consagrados na Carta das Nações Unidas", assim como "[...] preparar a criança para assumir uma vida responsável em uma sociedade livre, com espírito de compreensão, paz, tolerância, igualdade de sexos e amizade entre todos os povos, grupos étnicos, nacionais, religiosos e pessoas de origem indígena".	▶ A apropriação de uma vida responsável em uma sociedade livre. ▶ O desenvolvimento de um espírito de compreensão, paz, tolerância, igualdade.
Conferência Mundial sobre Educação para Todos (UNESCO, 1990)	Tentou-se dar à noção de educação fundamental a aceitação mais ampla possível, "[...] incluindo um conjunto de conhecimentos e técnicas indispensáveis a partir do ponto de vista do desenvolvimento humano. Deveria compreender, de forma particular, a educação referente ao meio ambiente, à saúde e à nutrição".	▶ A apreensão de conhecimentos e técnicas indispensáveis a partir do ponto de vista do desenvolvimento humano. ▶ A compreensão, de forma particular, da educação referente ao meio ambiente, à saúde e à nutrição.

Plano de Ação Integrado sobre a Educação para a Paz, sobre os Direitos Humanos e sobre a Democracia (UNESCO, 1995)	Estabelece que "[...] a principal finalidade de uma educação para a paz, dos direitos humanos e da democracia deve ser o incentivo, em todos os indivíduos, do sentido dos valores universais e dos tipos de comportamento nos quais se baseia uma cultura de paz. Inclusive em contextos socioculturais diferentes é possível identificar valores que podem ser reconhecidos universalmente".	▲ O fomento, em todos os indivíduos, do sentido dos valores universais e dos tipos de comportamento em que se baseia uma cultura de paz.
	No Ponto 9, acrescenta-se que "[...] a educação deve desenvolver a capacidade de resolver os conflitos com métodos não violentos. Dessa forma, deve promover também o desenvolvimento da paz interior na mente dos estudantes, para que possam assimilar com maior firmeza os bens que são a tolerância, a solidariedade, a vontade de compartilhar e o cuidado com os demais".	▲ O desenvolvimento da tolerância, da solidariedade, da vontade de compartilhar e do cuidado com os demais.
Informe da UNESCO presidido por Delors (1996)	Afirma-se que "[...] a principal finalidade da educação é o pleno desenvolvimento do ser humano em sua dimensão social. Define-se como sendo o veículo das culturas e dos valores, como construção de um espaço de socialização e consolidador de um projeto comum".	▲ O incentivo ao saber, ao saber fazer, ao saber ser, ao saber conviver. ▲ O pleno desenvolvimento do ser humano em sua dimensão social.
	Sem deixar de citar Delors, em "Educação ou a utopia necessária" (1996), ele diz que "[...] a educação tem como missão permitir a todos, sem exceção, a frutificação dos talentos e da capacidade de criação, o que implica a responsabilização individual por si mesmo e a realização de seu próprio projeto pessoal".	▲ A permissão a todos, sem exceção, da frutificação de seus talentos e de suas capacidades de criação.

(continua)

QUADRO 1.1 ▶ PROPOSTAS DE INSTÂNCIAS NACIONAIS E INTERNACIONAIS REFERENTES ÀS FINALIDADES DA EDUCAÇÃO (continuação)

INSTÂNCIA	PROPOSTAS	SÍNTESE DAS PROPOSTAS
Fórum Mundial sobre a Educação de Dakar (UNESCO, 2000)	Insistiu-se que "[...] todas as crianças, jovens e adultos, em sua condição de seres humanos, têm o direito de se beneficiar de uma educação que satisfaça suas necessidades básicas de aprendizagem na acepção mais nobre e mais plena do termo, uma educação que compreenda aprender a assimilar conhecimentos, a fazer, a viver com os demais e a ser. Uma educação orientada a explorar os talentos e as capacidades de cada pessoa e a desenvolver a personalidade do educando, com o objetivo de melhorar sua vida e transformar a sociedade".	▲ O aprendizado de como assimilar conhecimentos, fazer, viver com os demais e ser. ▲ A exploração dos talentos e das capacidades de cada pessoa. ▲ A melhora da vida de cada pessoa e a transformação da sociedade.
Organização não governamental Oxfam Intermón (2005)	Defende que, "[...] desde o âmbito educacional e do desenvolvimento de um novo currículo escolar, devem-se potencializar as capacidades das crianças para compreender e interpretar a realidade e para transformar as relações das pessoas com as novas sensibilidades interculturais, relacionadas ao meio ambiente, solidárias e igualitárias. Trata-se de obter uma educação transformadora e comprometida. Uma educação para os Cidadãos Globais".	▲ A compreensão e a interpretação da realidade. ▲ A transformação das relações das pessoas com as novas sensibilidades interculturais, relacionadas ao meio ambiente e igualitárias.

> **definição** ▼
>
> **Educação formal** é aquela que tem caráter intencional, planejado regulado; **educação informal** é aquela que se dá de forma não intencional e não planejada; e **educação não formal** é aquela que se produz de maneira intencional e planejada, mas fora do âmbito regular.

Se aceitarmos que as pessoas constroem sua personalidade a partir das experiências geradas pelas diferentes vias educacionais – formais, informais e não formais –, concluiremos que, dado o sentido que dão à educação os diferentes órgãos internacionais ao interpretá-la como **o pleno desenvolvimento da personalidade humana**, os governos são instados a tomar determinadas medidas. Tais medidas visam, por meio da ação dos diferentes agentes educacionais formais, informais e não formais, à promoção de experiências educacionais coerentes que incidam sobre o pleno desenvolvimento da personalidade. Dito isso, emergem algumas questões:

▶ Quais medidas devem impulsionar os poderes públicos para garantir que todas as famílias atuem de modo responsável com seus filhos e filhas?

▶ Quais devem ser os recursos e as políticas a serem desenvolvidos para propiciar a existência de associações educacionais de "tempo livre"?

▶ Quais medidas devem ser adotadas para que os meios de comunicação ajam assumindo, de forma consequente, sua potencialidade educacional, e não ajam de acordo com os princípios e os valores definidos nas diferentes declarações institucionais?

▶ Por último, qual deve ser o papel da escola no objetivo de formar a pessoa em todas as suas capacidades?

As respostas para cada uma dessas questões não podem ser independentes umas das outras. Considerando que nos informamos a partir de todas as experiências que recebemos e deixam marcas no constante processo de construção de nossa personalidade, e dado que essa construção não se realiza em compartimentos estanques, devemos entender que o problema deve ser analisado a partir de uma visão global que força uma redefinição do que se entende por **sistema educacional**, diferenciando-o do **sistema escolar** (Fig. 1.1).

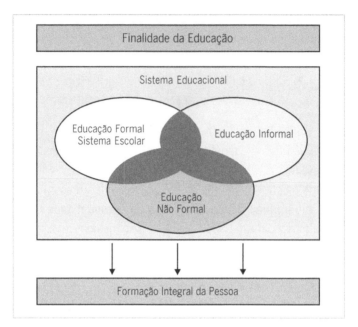

FIGURA 1.1 ▶ Sistema educacional, subsistemas e finalidades.

definição ▼

O sistema educacional é concebido como o conjunto mais ou menos inter-relacionado dos diferentes **agentes educacionais**, sejam formais, informais ou não formais. Essa redefinição nos permite avançar na identificação das atribuições e das responsabilidades de cada um dos agentes, mas compreendendo que:

- cada agente tem um campo próprio de atuação;
- seus limites são dificilmente identificáveis; e, em muitos casos,
- as atribuições e responsabilidades devem ser compartilhadas, embora tenham diferentes graus.

Alguns agentes educacionais possuem atribuições das quais são os únicos responsáveis; outros, por outro lado, têm uma responsabilidade compartilhada com outros agentes. Um critério razoável para identificar os conteúdos formativos de cada um desses agentes e as consequentes responsabilidades únicas e compartilhadas é a **análise das possibilidades e das limitações** de cada um deles. A partir dessa análise, é possível estabelecer as funções e as características de cada agente.

Em qualquer caso, o dever dos poderes públicos é estabelecer um sistema educacional que permita o pleno desenvolvimento da personalidade de seus cidadãos, a partir de uma regulamentação das instâncias educacionais. Dessa forma, à luz das finalidades as quais se pretendem para a educação, pode-se identificar aquilo que, dentro dessa visão global do que deve ser o sistema educacional, corresponde ao sistema escolar, em função de suas possibilidades atuais e futuras, e reconhecer os diferentes graus de responsabilidade, conforme os seguintes aspectos:

- os meios que a escola pode oferecer;
- os tempos de escolarização de que se dispõe; e
- a formação e as competências dos diversos profissionais que devem nela intervir.

A FAMÍLIA E A ESCOLA: UM DIÁLOGO DE RESPONSABILIDADES, MUITAS DELAS COMPARTILHADAS

para refletir !!!

Se analisarmos as possibilidades atuais da escola, veremos que a realidade confirma que ela não foi idealizada para realizar uma formação integral da pessoa, ou seja, para capacitá-la a responder aos problemas cotidianos que surgirão ao longo da vida. É nesse ponto em que se apresenta o problema para a sociedade e para a escola.

No momento em que a sociedade acredita que deve ser responsabilidade do governo intervir para que os cidadãos sejam formados em todas as suas capacidades, e não somente nos âmbitos tradicionalmente acadêmicos, a decisão que deve ser tomada consiste em identificar e prover os meios oportunos a fim de obter esse resultado. É necessário questionar a necessidade de constituir uma nova estrutura organizacional que desenvolva essas finalidades ou aproveitar e redefinir alguma instância existente, ou seja, **criar um novo sistema** ou **utilizar a escola atual**.

Quando as sociedades acreditam que devem intervir no sistema escolar com o objetivo de aprimorá-lo, de torná-lo mais competitivo, mais democrático, menos violento, etc., e analisam os meios de que dispõem para isso, é lógico que concluem que os diferentes agentes que constituem o sistema escolar existente, apesar de suas limitações, são o instrumento que pode sistematizar as medidas para obter tudo isso com grandes possibilidades de êxito.

importante >>

Embora a escola não tenha sido, até agora, a responsável pela educação global do aluno – tampouco por ele mesmo – nem conte com os meios adequados para isso, certamente, representa a organização mais preparada para assumir essa função.

A maioria dos países dispõe de uma rede de escolas que chega a todos os cantos, administrada por profissionais que contam com conhecimentos e saberes que os tornam o coletivo profissional que está em melhores condições para abordar a tarefa educacional. Tais redes de escolas, além disso, contam com muitos docentes para os quais o ser educador, e não apenas professor de uma ou de várias disciplinas, sempre foi seu projeto profissional.

Outro problema a resolver está relacionado ao **papel das famílias**, que, até então, eram depositárias absolutas da formação integral do aluno. Quando o papel do ensino se circunscreve à formação em conteúdos acadêmicos, foca claramente o delimitado papel da escola e da família. De alguma maneira, a escola ostenta o monopólio do conhecimento acadêmico, e nela se ensina tudo o que não pode ser aprendido de forma natural e sistemática na família, nas organizações de educação formal ou por meio dos meios de comunicação. Na prática, as responsabilidades estão claramente delimitadas:

- para a **escola** fica o ensino dos conhecimentos acadêmicos "pré-universitários", os procedimentos associados a disciplinas acadêmicas e as atitudes vinculadas ao estudo e aos comportamentos que permitam um desenvolvimento "normal" da gestão da aula; e
- para a **família** fica o resto, ou seja, os conhecimentos e os procedimentos necessários para a vida cotidiana e as atitudes para a cidadania.

Segundo essa lógica, a formação dos professores e os modos de ensino correspondem a essa visão diferenciada entre a escola e a família.

para refletir !!!

Em uma escola que primordialmente instrui, a confluência de interesses é mínima; cada um sabe ao que deve se dedicar. De modo contrário, quando se pretende formar o aluno em todas as suas capacidades, tanto a escola quanto a família estão intervindo no mesmo objeto de estudo. Nesse caso, como conciliar os diferentes projetos educacionais familiares e escolares? E o que fazer com as crianças cujas famílias não sabem, não podem ou não querem cumprir com sua irrenunciável função educadora?

Ambas as questões referentes à conciliação entre projetos educacionais familiares e escolares encontram resposta na promoção necessária da responsabilidade compartilhada, apesar de destacar-se a **preeminência da responsabilidade das famílias sobre a da escola**.

O possível conflito entre responsabilidades deve encontrar resposta parecida à do campo da saúde, no qual os papéis da família e do sistema de saúde estão notadamente delimitados, de modo que este assume a responsabilidade de zelar pela saúde de todos os cidadãos, mas entendendo que a responsabilidade fundamental pertence à família. Apesar disso, diante de uma isenção da responsabilidade familiar, o sistema de saúde assume o dever de zelar para que as medidas necessárias sejam tomadas a fim de garantir a saúde do paciente.

Seguindo esse paralelismo, diríamos que o sistema escolar é **corresponsável**, juntamente com as famílias, pela educação das crianças, isso sim, em função das aptidões de cada um:

- ▶ para o **sistema escolar**, a responsabilidade de dispor do conhecimento, do profissionalismo, dos recursos, mas com tempo limitado e um atendimento que deve ser diversificado entre muitos;

- ▶ para a **família**, a responsabilidade de ter tempo e, em princípio, todo o afeto do mundo.

importante ≫

A responsabilidade nas aprendizagens das competências que configuram o desenvolvimento integral da pessoa dependerá das capacidades reais do sistema escolar e da família. A maior ou menor capacidade de incidência educacional de um deles determinará o real alcance de sua responsabilidade.

Nos conteúdos acadêmicos tradicionais, logicamente que a responsabilidade da escola na obtenção dos objetivos de aprendizagem previstos será maior do que nas competências de clara carga atitudinal, nas quais o peso da família é determinante, assim como nas relacionadas à solidariedade, à tolerância, ao respeito, às relações de gênero, etc. No entanto, isso não significa que a escola, sob o pretexto da dificuldade de influenciar realmente, desvie-se do ensino de modo explícito e sistemático.

Seguindo com o paralelismo da saúde, o fato de a qualidade na alimentação depender das famílias não é desculpa para que as medidas alimentares que são dadas em um centro de saúde não cumpram estritamente os critérios médicos e não disponham da autoridade para prescrever uma alimentação de acordo com as necessidades do paciente.

para refletir !!!

Se o sistema escolar não assume a responsabilidade compartilhada com as famílias do desenvolvimento de todos os conhecimentos, habilidades e atitudes não acadêmicas do mesmo modo que assume, por exemplo, a leitura ou o cálculo, o que garantirá que as famílias serão capazes de educar suas crianças nos valores sociais e de convívio necessários para viver em sociedade?

No caso do ensino da leitura, apesar de entender que as famílias intervirão para que seus filhos leiam, a escola assume sua parte de responsabilidade para conseguir que os alunos, independentemente dos apoios familiares, dominem essa habilidade. Além disso, toma medidas especiais para ajudar a superar o déficit que os alunos apresentam em decorrência da situação socioeconômica ou cultural de suas famílias.

Do mesmo modo, para aqueles conteúdos que não correspondem à tradição escolar, mas que a sociedade considera imprescindíveis para seus cidadãos e para o desenvolvimento e o bem-estar da própria sociedade, o sistema educacional – e, dentro de suas possibilidades, o sistema escolar – devem adotar as medidas pertinentes para garantir que esses conteúdos sejam aprendidos, compensando ao máximo possível os déficits familiares.

EXEMPLOS: INFORMES ESCOLARES E FINALIDADES EDUCACIONAIS

A forma mais clara de reconhecer as verdadeiras intenções de uma escola, além das declarações bem-intencionadas expressas em seus projetos educacionais, encontra-se na revisão dos **informes escolares**, pois neles se refletem, de forma mais ou menos explícita, os conteúdos os quais escola considera mais importantes.

dica

A posição da escola acerca de quais são as finalidades do ensino pode ser percebida, de modo muito claro, na maneira como informa as famílias sobre o processo de ensino e aprendizagem.

Vamos revisar, como exemplo, três informes diferentes de avaliação. Sua leitura nos permitirá verificar seus diferentes valores educacionais. Esses informes, entendidos como a avaliação da obtenção dos objetivos educacionais, servirão para contrastar a importância atribuída aos diversos conteúdos curriculares e, portanto, às finalidades educacionais que cada modelo propõe.

INFORME TRADICIONAL

O informe tradicional (Tab. 1.1) se limita a valorar as diferentes estruturas disciplinares.

O informe da Tabela 1.1 retoma a **tradição escolar de caráter propedêutico**, na qual a relevância dos conteúdos da avaliação vem determinada pela necessidade de superar as sucessivas etapas do percurso em direção à universidade. Dessa forma, é lógico que, nesse modelo, o que é avaliado é o conhecimento adquirido pelo aluno em relação às disciplinas consideradas como fundamentais para o saber estabelecido.

TABELA 1.1 ▶ INFORME TRADICIONAL

▶ QUALIFICAÇÕES 3º TRIMESTRE

Grupo-classe:		Curso:	
Aluno:		Data:	
Professor:		Faltas:	
		Atrasos:	

DISCIPLINAS COMUNS	1º TRIMESTRE	2º TRIMESTRE	3º TRIMESTRE
Língua	Insuficiente (4,0)	Suficiente (5,0)	Bom (6,0)
Matemática	Suficiente (5,0)	Bom (6,0)	Bom (6,0)
Ciências Sociais	Insuficiente (3,0)	Suficiente (5,0)	Suficiente (5,0)
Ciências Naturais	Suficiente (5,0)	Bom (6,0)	Suficiente (5,0)
Ciências Tecnológicas	Bom (6,0)	Bom (6,0)	Bom (6,0)
DISCIPLINAS COMUNS	**1º TRIMESTRE**	**2º TRIMESTRE**	**3º TRIMESTRE**
Inglês	Insuficiente (5,0)	Suficiente (5,0)	Suficiente (5,0)
Francês	Suficiente (5,0)	Suficiente (5,0)	Suficiente (5,0)
Música	Insuficiente (5,0)	Suficiente (5,0)	Suficiente (5,0)
Educação Física	Bom (6,0)	Muito Bom (7,0)	Muito Bom (7,0)

Como podemos verificar, trata-se de um modelo instrutivo que não oferece nenhum dado sobre aquelas competências que não são de ordem acadêmica. Consequentemente, reflete a importância das capacidades cognitivas sobre as motoras, o equilíbrio pessoal, as relações interpessoais e a inserção social, às quais não faz nenhuma referência.

FORMULÁRIO DE AVALIAÇÃO ELABORADO PELA EMPRESA ÀGILMIC

Este exemplo consiste em um formulário de avaliação elaborado pela empresa Àgilmic (Tab. 1.2). Ele complementa informação sobre as aprendizagens das diferentes áreas curriculares.

TABELA 1.2 ▶ FORMULÁRIO DE AVALIAÇÃO REALIZADO PELA EMPRESA ÀGILMIC

ÀGILMIC	**Colégio DEMO**	Informe do ensino fundamental
	Marina, 251	Aluna: Maria Aguirre Cabrera
	08013 – Barcelona	Ano: 2º do ensino fundamental
		Professora: Elvira Collado Tomás

AVALIAÇÃO FINAL	DATA: 22/07/2002	PERÍODO: 2000/01	FOLHA 1
Adaptação		Precisa melhorar (PM)	
Adaptação	AA	/////////////////////	
Ao colégio, professor, colegas	AA	/////////////////////	
Às normas e ao ritmo de trabalho	PM	//////////	
Observações gerais	PM	//////////	
Atitude		Avança adequadamente (AA)	
Atitude	AA	/////////////////////	
Diante do professor	AA	/////////////////////	
Diante dos colegas	AA	/////////////////////	
Diante das brincadeiras e festas	AA	/////////////////////	
Diante do trabalho dirigido	AA	/////////////////////	
Diante do trabalho autônomo	AA	/////////////////////	

Maturidade (âmbito global)		Avança adequadamente (AA)
Personalidade	AA	/////////////////////
Aspectos da personalidade	AA	/////////////////////
Variações emocionais	AA	/////////////////////
Desenvolvimento da maturidade		Avança adequadamente (AA)
Maturidade (âmbito global)	AA	/////////////////////
Situação espaço/tempo	AA	/////////////////////
Afirmação sensorial	AA	/////////////////////
Aquisições cognoscitivas. Memória	AA	/////////////////////

para saber +

Àgilmic é uma empresa espanhola criada para apoiar instituições de ensino, bibliotecas e outras instituições relacionadas com educação.

O formulário apresentado vai além da mera quantificação numérica da disciplina. Consideram-se outros conteúdos de avaliação, como:

- a adaptação;
- a atitude para com as pessoas da escola; e
- as atitudes em relação às atividades realizadas.

Este exemplo representa uma clara posição favorável a **um ensino que não encontra fim na instrução**.

FORMULÁRIO DE AVALIAÇÃO UTILIZADO NA ESCOLA ALMEN

Este exemplo apresenta os itens de somente duas áreas curriculares (língua espanhola e matemática; Tab. 1.3).

TABELA 1.3 ▶ FORMULÁRIO DE AVALIAÇÃO USADO NA ESCOLA ALMEN

▶ LÍNGUA ESPANHOLA	▶ MATEMÁTICA
CRITÉRIOS DE AVALIAÇÃO	**CRITÉRIOS DE AVALIAÇÃO**
Para desenvolvimento da própria personalidade ▶ Mostra-se motivado em relação a essa disciplina e realiza o trabalho com interesse. ▶ Esforça-se em fazer o trabalho diário o melhor que pode, sabendo encontrar, no caso de dúvida, a solução adequada. ▶ Realiza o trabalho de modo ordenado, considerando a apresentação adequada a sua idade.	**Para desenvolvimento da própria personalidade** ▶ Mostra-se responsável ao realizar as tarefas. Tenta superar a si mesmo. ▶ Esforça-se em solucionar as dificuldades que lhes são apresentadas. ▶ É organizado nas atividades cotidianas. ▶ Em seu trabalho funciona de modo autônomo.
Para ser sensível em relação ao que o rodeia ▶ Valoriza o idioma, tanto o oral quanto o escrito, como uma fonte de satisfação. ▶ Participa ativamente nos trabalhos de grupo respeitando as ideias dos demais e expondo as próprias de modo respeitoso. ▶ Valoriza, de modo positivo, a situação de bilinguismo presente em sua zona de habitação.	**Para ser sensível em relação ao que o rodeia** ▶ Participa ativamente no trabalho do grupo oferecendo e pedindo ajuda aos companheiros. ▶ Valoriza positivamente os esforços dos colegas e se alegra de suas conquistas. ▶ Na atividade cotidiana mostra-se respeitoso em relação aos demais e ao entorno. ▶ Utiliza, de modo adequado, a linguagem matemática e se expressa em euskera.* ▶ Utiliza e cuida os instrumentos matemáticos com cuidado.
Para se integrar, atuar e melhorar a sociedade. *Utilização e formas de comunicação oral* ▶ Compreende textos orais simples. ▶ Recita textos orais (versos, poemas, contos, etc.) com o ritmo, a entonação e a pronúncia adequados. ▶ Extrai as ideias principais nos textos orais simples.	**Para se integrar, atuar e melhorar a sociedade** ▶ Entende os conceitos matemáticos. ▶ Sabe encontrar a solução para determinados problemas da vida por meio da soma, da subtração, da multiplicação e da divisão. ▶ Lê e escreve números ordinais de quatro, cinco, seis e sete algarismos baseando-se na colocação dos mesmos.

* N. de T.: Língua basca falada no País Basco, em Navarra e no sudoeste francês.

Para se integrar, atuar e melhorar a sociedade. *Utilização e formas de comunicação oral*

▶ Expressa, diante dos demais, de modo ordenado e compreensível, os acontecimentos, sentimentos e ideias relacionados à sua vida.

▶ Expressa, diante dos demais, de modo ordenado e compreensível, os acontecimentos, a cultura, a sabedoria... relacionados à vida de seu entorno.

Para se integrar, atuar e melhorar a sociedade. *Utilização e formas de comunicação escrita*

▶ Lê corretamente um texto escrito considerando o tom e o ritmo adequados e fazendo as pausas devidas.

▶ Compreende a relação existente entre a grafia e os fonemas.

▶ Produz textos curtos e simples:
  – utilizando orações que têm sentido completo;
  – respeitando as normas básicas da escrita;
  – mantendo a coerência entre as ideias;
  – utilizando de modo adequado os sinais de pontuação.

Para se integrar, atuar e melhorar a sociedade

▶ Realiza operações orais de cálculo com os números ordinais.

▶ Realiza operações escritas de cálculo com os números ordinais.

▶ No momento de medir um objeto sabe escolher a unidade e o instrumento mais adequados.

Para se integrar, atuar e melhorar a sociedade

▶ Utiliza o dinheiro na vida diária.

▶ Relaciona as unidades e os instrumentos das medidas temporais (relógio, ano, etc.).

▶ Conhece a relação existente entre as unidades situadas dentro de uma magnitude (longitude, capacidade, peso, etc.).

▶ Conhece as formas geométricas existentes no entorno próximo e as descreve por meio do uso de elementos básicos.

▶ Interpreta e realiza croquis, planos e maquetes de seu entorno.

▶ Colhe e classifica a informação.

▶ Representa graficamente a informação recolhida.

▶ Interpreta a informação adequada para sua idade.

▶ Estima e testa as medidas e os cálculos que deve realizar.

▶ Realiza as operações relacionadas aos espaço (orientação, perspectiva, simetria, giro, etc.).

(continua)

TABELA 1.3 ▸ FORMULÁRIO DE AVALIAÇÃO USADO NA ESCOLA ALMEN (continuação)

▸ LÍNGUA ESPANHOLA	▸ MATEMÁTICA
CRITÉRIOS DE AVALIAÇÃO	**CRITÉRIOS DE AVALIAÇÃO**
Para se integrar, atuar e melhorar a sociedade. *Análise e reflexão de língua* ▸ Escreve considerando as normas ortográficas trabalhadas em seu nível. ▸ Utiliza o vocabulário no contexto adequado. ▸ Utiliza as normas de concordância existentes nas frases. ▸ Utiliza os verbos que adquiriu no contexto adequado. ▸ Respeita a ordem dos elementos ao compor uma oração. ▸ Identifica as diferentes classes oracionais. **Para se integrar, atuar e melhorar a sociedade.** *Sistemas de comunicação orais e não orais* ▸ Representa situações reais de comunicação por meio de quadrinhos e murais. ▸ Cria e representar situações diferentes (reais ou imaginárias) com correção e entonação adequada.	

Podemos ver que os conteúdos de cada uma das duas áreas estão a serviço de **finalidades gerais que têm como princípio diretor o desenvolvimento integral da pessoa**. Os informes da escola ALMEN analisam desde cada disciplina até os resultados alcançados pelos alunos em função das finalidades educacionais relacionadas a três eixos competenciais:

▸ o desenvolvimento da própria personalidade;

▸ a capacidade de sensibilização em relação ao que nos rodeia; e

▸ a capacidade de integração e melhoria da sociedade.

para saber +

ZABALA, A.; ARNAU, L. *Como aprender e ensinar competências*. Porto Alegre: Artmed, 2010.

REFERÊNCIAS

DELORS, J. *La educacion encierra un tesoro*. Paris: UNESCO, 1996.

ORGANIZACIÓN DE LAS NACIONES UNIDAS. *Declaración Universal de los Derechos Humanos*. Paris: ONU, 1948.

OXFAM INTERMÓN. *Hacia una ciudadanía global:* propuesta de Competencias Basicas. Barcelona: Fundación Intermón Oxfam, 2005.

UNESCO. *Conferencia Mundial sobre Educación para Todos*. Paris: UNESCO, 1990.

UNESCO. *Foro Mundial sobre la Educación de Dakar*. Paris: UNESCO, 2000.

UNESCO. *Plan de acción integrado sobre la educación para la paz, los derechos humanos y la democracia*. Paris: UNESCO, 1995.

UNICEF. *Convención sobre los Derechos del Nino*. Ginebra: Oficina de Alto. Comisionado de las Naciones Unidas para los Derechos Humanos, 1989.

> 2

O ensino e a aprendizagem da leitura

TERESA COLOMER E ANNA CAMPS

habilidades e competências

>> Relacionar a concepção teórica da leitura de determinada escola com suas proposições de ensino.

>> Discutir os problemas e as causas ligados às dificuldades de compreensão de texto por estudantes.

>> Utilizar estratégias para favorecer a compreensão leitora por parte dos alunos.

neste capítulo você estudará:

>> A concepção da leitura e suas implicações no ensino.

>> Condições importantes para o ensino da leitura.

>> Como ensinar a compreensão leitora.

A CONCEPÇÃO DA LEITURA E SUAS IMPLICAÇÕES NO ENSINO

A concepção que a escola tem sobre o que é ler reflete-se necessariamente na proposição de seu ensino, de maneira que, quando se analisa a evolução das atividades de leitura mais frequentes na escola, se pode ver sua correspondência com a evolução dos conceitos envolvidos nessa aprendizagem.

A aprendizagem tradicional da **lectoescrita**, por exemplo, sustenta-se em três pressupostos básicos, que determinam sua ideia do que é a língua escrita, do que é ler e do que é ensinar:

1. acredita que a relação entre a língua oral e a língua escrita é a de uma simples tradução dos signos gráficos aos signos orais;
2. entende a leitura como um processo centrado no texto, do qual o leitor deve extrair o significado por meio de um sistema de oralização de suas unidades linguísticas para atribuir-lhes, posteriormente, o significado que se vai construindo por um processo ascendente;
3. parte de uma teoria pedagógica que concebe a aprendizagem como a recepção passiva do saber do professor por parte do aluno.

A adoção dessas pressuposições gera uma prática escolar que, esquematicamente, percorre os passos descritos a seguir:

▶ O **aluno** ou a **aluna** inicia a aprendizagem da língua escrita como um fenômeno absolutamente novo para ele(a).

▶ A **escola** é a depositária desse saber e é ela que programará sua aquisição, segundo uma progressão cuidadosamente determinada que consiste, basicamente, na aprendizagem das correspondências entre os fonemas da língua e os signos gráficos, desde as unidades mais simples (e mais abstratas!) até as mais complexas.

▶ A decifração em voz alta dessas correspondências permitirá que o **professor** controle seu domínio e o progressivo desenvolvimento da velocidade de tradução que deverá conduzir a saber ler, objetivo entendido tanto no sentido de ser capaz de oralizar um texto quanto no de entender o significado a partir de ouvir-se dizer a si mesmo.

Nessa descrição, a leitura em voz alta de uma cartilha exemplifica claramente o que foi o ensino da leitura como reflexo educativo de sua concepção teórica. A proposição escolar complementa-se com a divisão entre cursos iniciais centrados na aprendizagem leitora – cuja finalidade parece se reduzir ao mero domínio dessa capacidade, pois o que se valoriza e recompensa é o fato mesmo de ler – e cursos posteriores nos quais se prevê sua utilidade em razão da necessidade de estudar os conteúdos programados de todas as matérias.

importante >>

A **escola ativa** muda alguns dos pressupostos da aprendizagem tradicional da lectoescrita. A partir de perspectivas teóricas distintas, entre as quais é preciso incluir as indubitáveis contribuições de Montessori, Decroly e Freinet, elaboram-se novos métodos de ensino da leitura integrados em suas respectivas concepções gerais sobre o ensino. Entretanto, somente na década de 1960 começam a ser produzidas mudanças importantes no ensino da leitura, como consequência de uma nova visão da mesma concepção sobre o ato de leitura.

A partir da Segunda Guerra Mundial, a pesquisa sobre a leitura deixa de centrar-se em funções tão globais como a inteligência ou a percepção para centrar-se em estudos mais analíticos sobre habilidades instrumentais ou processos cognitivos. Nesse âmbito, a leitura passa a ser considerada como um **processo psicológico específico**, formado pela integração de um conjunto determinado de habilidades e que pode desenvolver-se a partir de um certo grau de maturação de cada uma delas.

Nesse contexto, tomando como base o estudo dos casos de deficiência e fracasso em lectoescrita, procedeu-se à delimitação de cada uma das habilidades que pareciam envolvidas nesse resultado (discriminação visual, estruturas espaçotemporais, memória auditiva, etc.). Confiou-se na possibilidade de incidir em sua oportuna maturação ou em sua recuperação, no caso de ter-se produzido uma disfunção. À leitura como processo específico correspondia também uma patologia própria: a dislexia ou incapacidade para a leitura.

Esse **modelo maturacionista** da leitura, originado da psicologia norteamericana e onde encontra seu lugar a pesquisa francesa dos anos de 1950, representou importantes inovações educativas:

▶ a incorporação de objetivos da pré-leitura ou maturação leitora na escola infantil mediante amplos programas de exercitação nas diferentes habilidades que se supunha que a aprendizagem da leitura requeria;

▶ a utilização de testes que mediam os níveis alcançados nessas habilidades;

▶ a ampliação do termo dislexia como diagnóstico das dificuldades de leitura; e

▶ a introdução da figura profissional do reeducador para a recuperação individual dos fracassos nesse campo.

importante >>

Nos últimos anos, os avanços realizados sobre o conhecimento dos usos da língua e sobre as funções psíquicas superiores, entre as quais se situa o pensamento verbal, levaram a um grande progresso nas pesquisas sobre a forma como se adquire a linguagem escrita. A leitura deixou de ser considerada como um processo psicológico específico para incluir-se entre os **processos gerais de representação humana da realidade** e adotou a perspectiva teórica de um **modelo psicolinguístico-cognitivo**.

Da perspectiva psicolinguística-cognitiva, os níveis de maturação estabelecidos como requisitos de leitura parecem referir-se preferencialmente a um desenvolvimento geral do indivíduo, não circunscrito ao âmbito da leitura. Bralavsky (1983) afirma que, nesse estágio, já existem conclusões para demonstrar que as exercitações funcionais em uso – sejam elas perceptivas, psicomotrizes ou espaçotemporais – não apenas são anacrônicas – porque a criança já as adquiriu muito precocemente em sua relação ativa com o meio – como também inoperantes ou, pelo menos, irrelevantes para a aprendizagem da leitura.

Como exemplo dessa mudança de valoração, pode-se mencionar a famosa confusão entre as letras d, b, p e q. O que até então se atribuía à confusão perceptiva passa a ser visto como um problema conceitual, segundo o qual a criança, que aprendeu que qualquer objeto continua sendo o mesmo embora mude de posição, demora um tempo para abandonar essa hipótese e entender que aquilo que julgava como um único signo, na realidade, são quatro letras correspondentes a quatro fonemas diferentes.

Contudo, os resultados educativos da insistência na leitura como soma de habilidades apresentam resultados decisivamente positivos, devido aos seguintes aspectos:

▶ incorporação de objetivos de ajuda ao desenvolvimento global dos meninos e das meninas em idades de pré-escolarização; e

▶ ênfase na necessidade de priorizar os esforços da equipe de professores no sentido da ajuda individualizada nessas primeiras aprendizagens.

Do mesmo modo, a atenção personalizada que muitos alunos receberam do reeducador lhes permitiu, efetivamente, refazer aprendizagens deficitárias. O interesse teórico pela leitura como processo de compreensão coincide, por outro lado, com as mudanças produzidas em sua avaliação educativa.

para refletir !!!

Progressivamente, o ensino deixou de apoiar-se na simples memorização de conteúdos, e, portanto, a capacidade de compreender o que se lê foi adquirindo uma importância crescente e estreitamente relacionada com os requisitos de instrução, mais intensos quanto mais se ascende no ciclo educativo.

Em vez do estudo a partir do fracasso na lectoescrita, é o estudo dos procedimentos utilizados pelos bons leitores que centra a tentativa de estabelecer como a escola pode facilitar o acesso à língua escrita. Ao mesmo tempo, esse objetivo deixa de ser um tema situado nos primeiros níveis escolares para ser concebido como um desenvolvimento contínuo da aprendizagem da compreensão do texto escrito.

Efetivamente, a capacidade de interpretar textos pode aumentar indefinidamente quando se deixa de considerá-la do ponto de vista da simples decodificação e se passa a incluir o progresso do leitor nos seguintes aspectos, entre outros:

- ▶ velocidade e eficiência seletiva;
- ▶ adaptação da leitura aos próprios propósitos;
- ▶ grau de envolvimento afetivo;
- ▶ ativação mental para a relação da nova informação com os conhecimentos anteriores; e
- ▶ capacidades de desfrutar esteticamente e de distanciar-se do texto para adotar uma perspectiva crítica.

Com relação à melhor maneira de ensinar a leitura, existe uma ampla bibliografia pedagógica na pesquisa desse ensino concreto a partir da observação das condutas dos professores e do desenvolvimento das seções na classe.

Langford (1987) reúne a opinião dos estudos mais recentes para mostrar que não existe uma única forma ótima de aprender uma determinada habilidade cognitiva. A concepção de Piaget, que insistia na necessidade da atividade prática para a realização das aprendizagens, sobretudo nos primeiros anos de escolarização, foi matizada com novas contribuições que preconizam uma combinação da exploração, da descoberta e da manipulação do material com as explicações, as demonstrações e o acompanhamento explícito de programações.

Isso não significa que não se possam estabelecer alguns pressupostos sobre a melhor maneira de ensinar a leitura. Um deles é que é melhor praticar a leitura em sua globalidade significativa do que decompô-la em uma exercitação dividida em partes.

exceção !¡!
A exercitação passo a passo da leitura somente será benéfica se for produzida de forma secundária e com uma clara consciência, por parte da criança, da relação entre as tarefas de exercitação e o conjunto da atividade leitora.

ALGUMAS CONDIÇÕES PARA O ENSINO DA LEITURA

PARTIR DO QUE OS ALUNOS SABEM

A escolarização significa um passo muito importante para os meninos e as meninas, visto que lhes proporciona a possibilidade de ampliar a experiência sobre o mundo de representação e comunicação. A escola é justamente a instituição escolar encarregada de oferecer-lhes a oportunidade de assimilar a modalidade mais abstrata de representação verbal, a língua escrita.

Essa aprendizagem deve ser realizada mediante a reconstrução progressiva dos conceitos que eles já possuem em maior ou menor grau quando chegam à escola. Por isso, a avaliação dos conhecimentos prévios sobre o escrito e a estimulação para sua continuidade são tarefas básicas da escola, que deverá planejar sua intervenção a partir da informação que cada um dos alunos possui sobre a forma e a função do código escrito.

Realmente, é difícil que um menino ou uma menina chegue à escola sem saber nada sobre as características essenciais do escrito. Um conceito básico refere-se, por exemplo, a que a língua escrita diz coisas, ideia que se complementa com muitos outros conhecimentos sobre o escrito.

Normalmente, os meninos e as meninas sabem coisas sobre a função da língua escrita; eles sabem que, dessa forma, podem se comunicar e transmitir informações de vários tipos: sobre si mesmo, sobre a realidade, sobre mundos fictícios, etc. Eles também sabem que ler e escrever é algo possível, já que é uma prática habitual para a maioria dos adultos.

Além disso, os meninos e as meninas podem ter conhecimentos sobre múltiplos aspectos do mesmo código:

> ▶ desde a **representação física** e a **relação com a língua oral** (sua arbitrariedade, diferentemente do desenho que tem de guardar relação com a realidade representada, ideias mais ou menos aproximadas sobre distribuições habituais de vários tipos de textos, a forma de alguns signos gráficos, a quantidade de signos necessários para representar uma palavra, etc.);

> ▶ até **procedimentos de leitura** e **diversas convenções** (o sentido da passagem das páginas, a diferença entre o tempo real e o tempo narrativo dos contos, a relação entre texto e ilustração, etc.).

Segundo Ferreiro e Teberosky (1979), não saber como ler não impede os meninos e a as meninas de ter ideias precisas sobre as características que um texto escrito deve apresentar para que se possa realizar a leitura. Assim, é importante explorar os conhecimentos infantis anteriores ao seu ingresso na escola; para além dessa exploração, favorecer que aflorem os conhecimentos prévios em cada uma das atividades de leitura deveria converter-se em um certo hábito escolar.

dica

O professor deve conhecer as ideias de seus alunos em relação àquilo que se propõe ensinar, tanto para poder descobrir se eles possuem apoios conceituais suficientes para incorporar os novos conhecimentos quanto para tentar entender sua forma de proceder e de interpretar o escrito, visando favorecer a evolução positiva desses conceitos no desenvolvimento das aprendizagens.

FAVORECER A COMUNICAÇÃO DESCONTEXTUALIZADA

Um tema amplamente debatido pelos estudos sociolinguísticos aplicados à educação envolve saber de que forma e em que medida as diferenças linguísticas que os meninos e as meninas apresentam ao chegar à escola são condicionadas por seu meio sociocultural de origem.

A polêmica motivada pela interpretação das teorias de Bernstein sobre o déficit linguístico e pelas teorias de outros autores sobre os condicionamentos socioculturais da aprendizagem linguística fez parte do substrato de muitos programas do que se denominou **educação compensatória**. Tais programas foram estabelecidos basicamente nos países anglo-saxões durante a década de 1960.

Posteriormente, Fijalkow (1985) e outros autores, entre eles o próprio Bernstein (1970, 1973), questionaram essas teorias e suas consequências educativas. Os questionamentos referiam-se ao fato de elas continuarem centradas na designação de carências infantis, em vez de analisarem a relação que se estabelece entre a criança e a escola, lugar em que se produzem realmente os desajustes educativos que é preciso superar.

Apesar disso, parece possível afirmar, em relação a esse tipo de aprendizagem, que um meio familiar com pouca presença de textos escritos limita as oportunidades dos meninos e das meninas para progredir na compreensão dessa forma de comunicação e no conhecimento de suas características. Tal afirmação foi corroborada por várias pesquisas, entre as quais destaca-se a que foi dirigida por Wells (1986) em Bristol, mediante o acompanhamento de meninos e meninas durante 10 anos. Efetivamente, Wells chega à conclusão de que a exposição a um meio no qual a comunicação escrita cumpre uma função real é o único caminho para a aquisição dessa capacidade.

importante >>

Wells destaca a leitura de histórias para as crianças como o fator mais determinante de sua futura aprendizagem da língua escrita. Segundo ele, o importante de ouvir contos é que, por essa experiência, a criança começa a descobrir a potencialidade simbólica da linguagem: seu poder para criar mundos possíveis ou imaginários por meio de palavras – representando a experiência com símbolos que são independentes dos objetos, dos acontecimentos e das relações simbolizados e que podem ser interpretados em contextos distintos daqueles em que originalmente a experiência ocorreu, se é que ocorreu realmente.

Durante os últimos anos (COLLINS; MICHAELS, 1986; WELLS, 1988), começou a difundir-se a consciência da necessidade de inter-relacionar a introdução na língua escrita com a ampliação do domínio oral da criança para formas de sintaxe "desdobradas", como as denomina Luria (1979), isto é, de linguagem oral narrativa, por meio de **produções orais descontextualizadas**, como, por exemplo:

- relatos completos de experiências;
- ditados de cartas à professora; e
- descrições de objetos independentemente de sua presença física.

Esse desenvolvimento oral constituiria a ponte imprescindível entre as formas de comunicação familiares à criança e as características de descontextualização próprias da linguagem escrita.

FAMILIARIZAR OS ALUNOS COM A LÍNGUA ESCRITA E CRIAR UMA RELAÇÃO POSITIVA COM O ESCRITO

Com relação ao ponto anterior, a familiarização de todos os meninos e meninas com o mundo da escrita deve constituir o primeiro objetivo da atuação escolar no ensino da leitura. Para isso, intensifica-se o contato dos alunos com textos escritos em atividades que preservem o sentido e o uso normal da leitura em nossa sociedade. A consecução desse objetivo consiste, como assinala Charmeux (1985), em conseguir que as crianças:

- estabeleçam uma relação afetiva positiva com o escrito;
- sintam a tranquilidade e a segurança de que esse mundo compete a eles pessoalmente; e
- sintam que sabem muitas coisas sobre o tipo de ocasiões em que se utiliza a escrita, para que e quais traços formais ela apresenta.

A familiarização com a língua escrita deve englobar tanto os **objetos** de leitura (livros, anúncios, letreiros, etc.) quanto as **situações da vida cotidiana** em que se recorre à leitura (para lembrar, para explicar um conto, etc.) e os **lugares** nos quais se produz (na biblioteca, na secretaria, etc.).

para refletir !!!

O contato com o escrito tem de implicar a tomada de consciência de seu uso funcional, do saber por que as pessoas leem, de maneira que a ideia de sua aquisição se distancie da concepção de uma tarefa eminentemente escolar, sobretudo por parte dos meninos e das meninas que unicamente associam a língua escrita com as exigências de seu ingresso no mundo escolar.

A relação positiva com o escrito implica outras coisas além do conhecimento de seu uso e de sua utilidade; está ligada à própria experimentação do prazer que proporciona a ampliação da capacidade comunicativa e de interpretação da realidade e à autoconsciência de saber mover-se no mundo da língua impressa. É para obter essa confiança que é preciso frequentemente tornar explícito tudo aquilo que as crianças vão aprendendo sobre a língua escrita, para que percebam o que sabem e iniciem uma certa relação de autonomia no uso de uma linguagem que passa a lhes ser própria.

FOMENTAR A CONSCIÊNCIA METALINGUÍSTICA

Outra característica exigida pela comunicação escrita é um nível elevado de consciência metalinguística. Isso permite a concentração na linguagem como objeto em si mesmo, e não em seu uso como veículo de significado no interior de uma comunicação (MATTINGLY, 1972).

Ainda que os meninos e as meninas apresentem determinados níveis de consciência metalinguística a partir de seu domínio oral (podem perguntar, por exemplo, o que significa tal palavra), o acesso ao escrito requer um uso da linguagem muito menos transparente do que na comunicação oral e em diferentes níveis das unidades linguísticas. As crianças têm de enfrentar desde logo a decomposição silábica ou de fonemas e devem usar termos gramaticais como **frase** ou **texto**.

dica

Os jogos e as manipulações da linguagem em suas diferentes unidades favorecem a aquisição da língua escrita sempre que as atividades de manipulação se realizam em contextos significativos e não se limitam aos níveis linguísticos inferiores, tal como ocorre no trabalho escolar excessivamente centrado em atividades de decifração.

UTILIZAR TEXTOS CONCEBIDOS PARA SUA LEITURA

Para ensinar os alunos a reconhecer e dominar as características linguísticas e os indícios que facilitam a recepção de um texto, é importante que a escola utilize textos realmente concebidos para serem lidos.

Muitas vezes, esse princípio é contradito pela elaboração e pelo uso de materiais escolares que tentam facilitar a leitura das meninas e dos meninos mediante a proposta de textos narrativos que eles conhecem em sua versão oral ou que são realizados especialmente para a aprendizagem escolar. Essa situação causa problemas na aprendizagem da interpretação do texto porque as crianças já sabem seu significado, não havendo necessidade de indagar-se a respeito, e também pela falta de interesse que um tipo de texto tão artificial e simplificado pode causar.

Deixando de lado as dificuldades iniciais, os textos escolares apresentam outros problemas de ordem diversa para a familiarização efetiva com a escrita. Não é pouco frequente, por exemplo, encontrar uma linguagem quase híbrida entre as formas orais e as escritas. Com a intenção de aproximar a linguagem escrita da conversação oral, esses textos adotam formas que parecem concebidas para serem ouvidas. É o caso, por exemplo, de um diálogo frequente e direto entre narrador e leitor, o desenvolvimento discursivo supostamente espontâneo, o uso de estruturas sintáticas baseadas na percepção auditiva da entonação ou de um léxico repleto de vícios orais e frases feitas.

atenção

A transgressão das regras da língua escrita tem como resultado imediato um aumento considerável da dificuldade de leitura e, em longo prazo, a impossibilidade de interiorizar as formas e a organização próprias da língua escrita.

Simons e Murphy (1988) oferecem exemplos de livros de leitura ingleses para assinalar as dificuldades de interpretação dos dêiticos que aparecem neles, já que são usados sem respeitar a criação de contexto própria da linguagem escrita. De fato, as crianças estão acostumadas a entender o uso dos dêiticos a partir da conversação oral e, portanto, a usar sua própria situação física e temporal para entender os **aqui**, **este** ou **amanhã**.

Quando as crianças aprendem a ler (ou a ouvir contos lidos), elas devem aprender a interpretar os dêiticos dentro de um contexto imaginário. Se os textos respeitam a composição escrita, oferecem pistas suficientes ao leitor para que realize tal operação. Contudo, às vezes, as cartilhas de leitura utilizam dêiticos sem criar a perspectiva para interpretá-los adequadamente, desde o narrador aos personagens. Vejamos alguns exemplos em um e outro sentido:

Sally disse a Jim: "Venha amanhã à minha casa".

Nesse exemplo, o leitor pode entender que "minha" se refere a Sally, que "amanhã" é o dia seguinte ao convite e que "venha" indica que Sally estará em casa e que Jim partirá de outro lugar. Ao contrário, na frase seguinte, o leitor atribuirá arbitrariamente "este" e "aquele", já que não se sabe quem fala:

Jack pode brincar com este trem e Dick pode brincar com aquele.

Geralmente, os materiais de leitura também apresentam problemas de extensão do texto. Sabe-se que, quando se começa a ler um texto, a leitura é mais lenta do que quando o leitor vai avançando e pode sustentar-se na informação lida para prever a continuação. Contudo, muitos textos oferecidos às crianças são tão curtos que elas não têm tempo para pôr em marcha tal mecanismo.

À excessiva brevidade acrescenta-se, muitas vezes, a pouca contextualização. Pode-se afirmar que a baixa previsibilidade dessas leituras dificulta a formação de hipóteses sobre o texto e, consequentemente, não favorece a aprendizagem do comportamento leitor.

Na realidade, a opção por uma leitura de textos exíguos tenta salvar a desconfiança dos alunos diante de escritos que parecem exigir um esforço excessivamente prolongado. Contudo, a prática demonstra que, dentro de limites razoáveis, o caminho para fazer frente a essa desconfiança passa pela acentuação dos seguintes aspectos:

- da autossegurança dos alunos em seus conhecimentos leitores;
- da colaboração do adulto no momento de desânimo; e, sobretudo,
- da recomendação de textos que os meninos e as meninas percebam como verdadeiramente interessantes e necessários.

Outro tipo de problema refere-se à necessidade de zelar para que os textos expositivos dirigidos aos escolares sejam elaborados a partir das características de organização textual que a pesquisa sobre esse tipo de texto assinalou como aspectos que facilitam a compreensão. Um desses aspectos refere-se à **quantidade de informação** apresentada, que se mede pela extensão do texto e pelo número de ideias que ele contém, como também pela distinção entre informação reiterada e nova. Outro aspecto refere-se à **boa organização** do texto. Os materiais escolares ajudam a aprendizagem quando:

- tais materiais são organizados por temas;
- o número de inferências a realizar durante a leitura é reduzido – já que, desse modo, há menos chances de erro nas deduções dos alunos; e
- a organização textual obedece a convenções claras e coerentes na distribuição informativa, por unidades, uso de títulos e subtítulos, resumos finais, relação com a informação gráfica, etc.

Em geral, parece que quanto mais concreto, imaginável e próximo da experiência e dos interesses do leitor é um texto expositivo, mais se facilita sua compreensão.

atenção

O parco esclarecimento dos aspectos referentes à quantidade de informação e à boa organização, inclusive seu uso contraditório em um mesmo livro, dificulta a compreensão leitora dos meninos e das meninas e não permite que eles elaborem esquemas claros para operar em outras ocasiões sobre esse tipo de textos.

EXPERIMENTAR A DIVERSIDADE DE TEXTOS E LEITURAS

A familiarização com as características do escrito implica ter experiências com textos variados, de tal forma que se vão apreendendo suas características diferenciais, e que a habilidade de leitura possa ser exercitada em todas as suas formas segundo a intenção e o texto.

A escola tratou a leitura como se fosse uma capacidade para ser utilizada sempre da mesma forma. Além disso, não incluiu na aprendizagem da leitura a consideração de que as habilidades necessárias para proceder eficazmente em questões como buscar uma informação em uma enciclopédia, ler uma solicitação ou mergulhar em um romance devem ser exercitadas a partir de indícios textuais muito diferentes (ordem alfabética, divisão em exposição e demanda, etc.) e de condutas absolutamente distintas (saltar ou seguir, avançar rápida ou lentamente, etc.).

Felizmente, os meninos e as meninas presenciam, e eles mesmos protagonizam, muitas atividades de leitura que contradizem esse princípio de homogeneidade. Muitas vezes, são testemunhas de usos leitores reais em nossa sociedade, veem o próprio professor ler de formas muito diferentes do que se ensina a eles nas atividades regradas na classe, e a leitura está presente em muitas de suas atividades autônomas, como:

- ▶ folhear livros;
- ▶ comparar exercícios;
- ▶ copiar letras de músicas; e
- ▶ mandar bilhetes.

Todas essas situações permitem ampliar a gama de usos leitores e conhecer as variáveis linguísticas adequadas a cada tipo de texto, de tal forma que o conjunto de suas experiências lhes permite gerar um processo de apropriação do escrito muito mais rico do que aquele programado oficialmente.

LER SEM TER DE ORALIZAR

As diferenças entre os códigos oral e escrito da língua supõem também a necessidade de um ensino que não se baseie na decifração literal de textos escritos. Tradicionalmente, a escola transmitiu a ideia de que ler é oralizar qualquer tipo de texto escrito, unidade após unidade, sem jamais descolar-se dele e tão rapidamente quanto possível sem cometer equívocos. Assim, a oralização do texto, ou leitura em voz alta, foi a principal atividade escolar da primeira aprendizagem leitora e é também a mais utilizada quando se aborda um texto coletivamente nos cursos superiores.

> **importante** »
>
> A análise do ato de leitura questiona decisivamente a prática da oralização do texto, que acostuma o aluno a adotar um comportamento diverso do que é próprio de um leitor, já que não lhe permite, por exemplo, controlar a leitura a partir da possibilidade de avançar e retroceder à vontade para encontrar ou retificar informações. Ao contrário, obriga-o a concentrar-se para conseguir uma boa oralização.

A consequência da atividade de leitura em voz alta é que meninos e meninas não podem dedicar muita atenção à finalidade real da leitura – a **construção do sentido** – e habituam-se a decifrar mecanicamente sem procurar entender o texto. Às vezes, mudam palavras por sinônimos, o que demonstra que, apesar de tudo, entenderam o texto, que o leram antes da oralização.

É comum, porém, a substituição ser computada apenas como um erro a ser corrigido pelo professor, que se empenha exclusivamente na exigência de exatidão, sem avaliar o erro como um indício de compreensão. Inclusive, uma das vantagens dessa prática, a possibilidade de avaliar o progresso leitor de cada aluno, mostra-se realmente inconsistente diante da evidência de que a capacidade "teatral" de cada menino ou menina, a forma como estimula ou inibe a leitura diante de um público, mascara seu domínio real da leitura.

As situações de leitura integrada no trabalho escolar e na vida da classe e da escola oferecem muitas oportunidades, parecidas com as que se oferecem ao adulto, para ler silenciosamente, sem necessidade de ler o texto em voz alta. Apesar de tudo, é preciso prever momentos de intercâmbio entre o professor e seus alunos, seja individualmente ou em grupo, sobre os textos que leram ou que estão lendo, para saber o que interpretam e como resolvem os problemas de compreensão e também para poder ajudá-los e oferecer a eles formas de proceder mais adequadas, se for preciso.

> **dica**
>
> É conveniente que o professor crie continuamente situações para falar do que se lê e de como se faz, mais do que dedique horas e horas simplesmente a oralizar textos.

LER EM VOZ ALTA

A leitura em voz alta tem de ser uma atividade presente na educação leitora, desde que não seja entendida simplesmente como a oralização de um texto. Ler em voz alta tem sentido quando considerada como uma situação de comunicação oral na qual alguém deseja transmitir o que um texto diz a um receptor determinado.

É possível que seja necessário comunicar o resultado de uma busca de informação aos demais membros do grupo, que se queira proporcionar o prazer da realização sonora de um texto literário ou que seja preciso comunicar algo simultaneamente a muitos receptores. Em qualquer dessas situações, ou em outras parecidas, os meninos e as meninas têm de ser capazes de realizar a **atividade interpretativa**.

A atividade de interpretação é a razão pela qual se deveria ensinar a fazer ler em voz alta na escola. Isso deve passar longe do despropósito de ler sistematicamente em voz alta textos que todos têm diante dos olhos e que podem ser lidos de maneira muito mais rápida e eficaz se não houver necessidade de ir acompanhando uma leitura alheia.

O ENSINO DA COMPREENSÃO LEITORA

A FALTA DE ENSINO DA COMPREENSÃO LEITORA

Embora ler seja a base de quase todas as atividades que se realizam na escola e a concepção de leitura como ato compreensivo seja aceita por todos, a maioria das pesquisas sobre as atividades de leitura na escola demonstra que nelas não se ensina a entender os textos. A análise de Rockwelle (1982) sobre os usos escolares da língua escrita, por exemplo, e os estudos de Collins e Smith (1980) e de Solé (1987) revelam que nem os conceitos dos professores sobre **o que é aprender a ler** nem as atividades que se desenvolvem normalmente nas classes para ensinar a fazê-lo incluem aspectos referentes à compreensão.

Assim, pode-se pensar que a maioria dos professores compartilha a visão da leitura que corresponderia aos **modelos de processamento ascendente**, segundo os quais a compreensão está associada de maneira imediata à correta oralização do texto. Se o aluno lê bem, isto é, se sabe traduzir adequadamente o texto escrito a uma forma oral, entenderá o texto, porque sabe falar e entender a linguagem oral.

Poder-se-ia objetar que, seja como for, muitos alunos acabam entendendo o que leem. Poder-se-ia dizer, ainda, que as próprias pesquisas nas classes evidenciaram a forma como os alunos podem suprir o déficit a partir de um conjunto muito amplo de experiências e relações com a língua escrita que se produzem também no interior do contexto escolar, ainda que se afastem dos comportamentos leitores favorecidos conscientemente pelos professores.

Contudo, é preciso reconhecer que esse processo parece ser, antes de tudo, um resultado casual vinculado às condições pessoais e à situação sociocultural daqueles alunos que são capazes de aproveitar o contexto escolar e extraescolar. Dessa forma, tal processo não se trataria da consequência de uma programação explícita sobre ensino da leitura.

para saber +

Apesar da existência das vias difusas de aprendizagem leitora, vários levantamentos e pesquisas avaliadoras proporcionam alguns dados alarmantes sobre o resultado da formação leitora dos alunos:

- Segundo o National Assessment of Educational Progress (NAEP), em seu informe sobre a leitura em 1984, **40%** dos alunos norte-americanos de **13 anos** e **16%** dos de **17 anos** não haviam adquirido as habilidades de leitura necessárias para fazer inferências e formular generalizações nos textos de diferentes áreas de conteúdos. Mais débeis ainda eram suas capacidades para reagir criticamente ou para elaborar interpretações que mais tarde lhes permitissem confrontar argumentos. Diante desses resultados, o informe recomendava que se concedesse uma importância muito maior ao ensino da leitura nos níveis superiores de escolarização.

- Na Espanha, um levantamento do Ministério da Educação (MEC), de 1989, apresentava resultados similares aos do NAEP sobre os hábitos de leitura dos adolescentes.

Um exame rápido das situações de leitura habituais na escola nos permitirá ter uma espécie de retrato do estatuto do ensino dessa habilidade básica que constitua um ponto de partida para uma nova proposta de atuação. Uma primeira constatação, bastante evidente, é que grande parte das atividades escolares apoia-se na utilização do escrito. Os alunos leem e escrevem mais do que falam. Em compensação, poucas atividades e situações são orientadas a ensinar a compreender o texto. Para resumir, podemos classificá-las, em linhas gerais, em dois grupos, os quais serão apresentados a seguir.

ATIVIDADES ORIENTADAS A LER PARA APRENDER

Os alunos leem textos relacionados com as diferentes matérias do currículo para aprender seus conteúdos sem que, de maneira geral, lhes tenham ensinado a ler textos informativos. Parece pressupor-se que os alunos já sabem ler e que, nessas situações, simplesmente devem fazê-lo e apropriar-se dos conteúdos.

Quando se analisam os livros-texto de língua e literatura, encontra-se um grande predomínio de textos narrativos, descritivos e poéticos, com algumas incursões em outros tipos de textos, como jornalísticos ou aqueles relacionados com a imagem, que foram ganhando terreno nos últimos anos. Em compensação, continua sendo uma exceção o trabalho a partir de **textos informativos**, que constituem a essência do contato com a língua escrita em todas as demais matérias escolares, já que, ao longo de sua escolaridade, os alunos necessitam, de forma crescente, aprender coisas como:

▶ encontrar as ideias principais de um texto, contrastando-as com as expectativas e os conhecimentos próprios;

▶ inferir as etapas expositivas;

▶ relacionar as informações de vários textos e integrá-las em um único discurso; e

▶ seguir uma exposição oral com o suporte de notas suficientemente seletivas.

para refletir !!!

A situação de compartimentação educativa faz com que as atividades relacionadas com textos informativos sejam vistas como exigências próprias das demais matérias pelos professores de língua, acostumados ao trabalho sobre o texto literário, e como aprendizagens linguísticas pelos outros professores, preocupados com o ensino de seus conteúdos específicos das matérias do currículo. O resultado é que a instrução necessária para a compreensão do texto como meio de acesso ao conhecimento fica relegada à terra de ninguém.

Em uma observação pioneira, Durkheim (1978-1979), em 24 aulas de 3° e 4° ano do ensino fundamental, contabilizou que apenas **1%** de tempo dedicado às ciências sociais era utilizado para dar instruções sobre as habilidades de estudo. O resto do tempo era dedicado à leitura individual, às perguntas do professor sobre o que se havia lido e à realização de exercícios.

Por outro lado, embora a leitura de **textos literários** tenha um peso muito importante na área de língua nos primeiros níveis de escolaridade, o ensino literário sofre uma certa descontinuidade entre duas etapas:

▶ na primeira, utilizam-se esses textos para a aprendizagem leitora básica e como ponto de partida para todo tipo de aprendizagens linguísticas;

▶ na segunda, a partir do ensino médio, tradicionalmente se iniciava a contextualização cultural e histórica – em geral, esta segunda etapa caracterizou-se por uma programação de conteúdos literários nos quais o ensino da compreensão estava tão distante quanto nas demais áreas.

Contudo, se o ensino literário na escola deixasse de ser visto nesses termos e passasse a ser considerado como educação literária, isto é, se passasse a ter como objetivo a formação de um leitor cada vez mais competente nesse terreno, o enfoque literário na escola poderia ser integrado basicamente ao âmbito da aprendizagem leitora. Assim, da curiosa situação de **ler para aprender**, em que atualmente se encontra em grande medida o ensino da literatura no ensino médio, a leitura literária poderia ser abordada da perspectiva global de **aprender a ler**.

Para isso, seria preciso estabelecer uma linha de continuidade que, por um lado, fosse consciente das aprendizagens literárias que os meninos e as meninas realizam já nas primeiras etapas de sua escolaridade e, por outro, programasse a aquisição dos conhecimentos literários que se requerem para o progresso da destreza leitora.

importante >>

A crise do ensino literário a partir de seu eixo cronológico já ocorreu há muito tempo, mas ainda é patente o desconcerto nessa área, o que a converte em um dos campos educativos em que é mais urgente a necessidade de delimitar objetivos e programações específicas a partir de novos parâmetros. Sua inclusão na construção do **saber ler** permite um novo enfoque para um planejamento da ajuda escolar à construção do **saber ler literário**.

ATIVIDADES ORIENTADAS A APRENDER A LER

Embora continue presente a concepção segundo a qual o aluno já sabe ler quando é capaz de decifrar um texto, hoje se admite facilmente que um dos objetivos da aula de língua, inclusive nos níveis médios de ensino, é ensinar a ler. Entretanto, o que a escola faz para ensinar a ler nesses níveis mais elevados nem sempre, e nem mesmo comumente, tem muito a ver com a compreensão do texto. Alguns tipos de atividades são destacadas como as mais generalizadas e representativas de tal ausência, como é apresentado a seguir.

▶ **Atividades denominadas "de compreensão do texto"**

É muito significativo que as atividades escolares denominadas, justamente, de compreensão do texto consistam em uma simples constatação do grau de compreensão a que parece ter chegado o aluno uma vez concluída sua leitura. A forma adotada com mais frequência para esse tipo de atividade nas aulas é a seguinte:

- leitura de um texto, oral ou silenciosa; e
- resposta a um questionário que interroga sobre o significado do texto.

Frequentemente, as perguntas do questionário limitam-se a cobrar a lembrança imediata de pequenos detalhes secundários e referem-se a informações obtidas segundo o desenvolvimento linear do escrito. Assim, o tipo de resposta resultante é o de uma simples verificação, concisa e facilmente localizável no texto, mesmo que o leitor não o tenha compreendido, já que não existe nenhum tipo de elaboração pessoal nem implicação de sua compreensão global.

Cole e Griffin (1978) ilustram essa afirmação com um exemplo ocorrido durante suas pesquisas sobre leitura. Uma menina respondeu a um questionário de leitura em que se perguntava o que havia feito James, o personagem do conto que acabara de ler, e replicou corretamente: "Se enforcou", tal como figurava no texto. Mais adiante, ela protestou diante de uma pergunta que se referia a outro personagem, dizendo: "Como querem que eu responda a essa pergunta sobre Eric se ele aparece continuamente? Não é justo!".

O desconcerto dos pesquisadores sobre a "justiça" do questionário foi a pista para detectar que a menina tinha desenvolvido um simples hábito de busca e cópia da frase, sem entender seu sentido. Sendo Eric nomeado várias vezes no texto, a menina não sabia que frase copiar. Sua falta de compreensão tornou-se evidente em pouco tempo, quando finalmente fundiu sua percepção visual do texto com seu conhecimento do mundo e exclamou com incredulidade: "É verdade? Ele se enforcou mesmo?".

importante >>

As atividades "de compreensão de texto" que seguem o modelo de leitura de um texto seguida da resposta a um questionário não ensinam a compreender o texto, porque não mostram ao aluno os caminhos que pode seguir para construir o significado. Não há modelos a seguir nem atividades que lhe ensinem como utilizar a informação que o texto oferece, como recorrer a seus conhecimentos, como relacionar-se uns e outros, etc. O professor, além disso, não pode saber que processos o aluno segue na construção do significado.

A suposição de que o grau de compreensão alcançado pode ser deduzido de um número maior ou menor de respostas corretas não corresponde à realidade. A lembrança apenas reflete a compreensão de um texto se não for meramente quantitativa, mas, ao contrário, reflete uma representação bem-organizada do significado do texto.

Se o aluno não se equivocou nas respostas, pode-se pensar que a compreensão é adequada, quando pode ocorrer de não ser, como acabamos de exemplificar, e o professor não terá nenhum indício para detectar isso. Assim, mesmo como instrumento de avaliação da compreensão, os questionários ao final da leitura revelam-se como uma atividade claramente insuficiente.

Hare e Milligan (1984) realizaram um estudo a partir de vários manuais de leitura sobre as instruções que os meninos e as meninas recebem para aprender a distinguir entre a informação relevante do texto e a informação secundária. Dos 541 exercícios propostos, **70%** eram de tipo "assinale a ideia principal do texto", sem nenhuma explicação sobre como fazê-lo.

Provavelmente, os manuais e os professores dedicam tão pouco tempo a ensinar **como** encontrar a informação importante de um texto em consequência da confusão existente, tanto na pesquisa quant no ensino, sobre **o que é** a informação importante. A análise de textos educativos revela o uso indiscriminado de termos como (CUNNIGHAM; MOORE, 1983):

- ideia principal;
- tema;
- título;
- frase temática; e
- essência.

Se isso causa perplexidade entre os alunos, que não sabem muito bem que tipo de enunciado está sendo pedido a eles, também repercute na insegurança dos professores, que se limitam a descartar as respostas claramente equivocadas sem arriscar-se a dar explicações muito precisas sobre o que se deveria fazer para elaborar a resposta.

atenção

Não se pode esquecer que este tipo de atividade centrada no controle final da compreensão do texto, e não na ajuda à construção, dirige a atenção do aluno para a necessidade de "responder bem" para evitar a sanção, e não para a vontade de entender realmente o texto. O erro não é considerado um ponto de partida para a aprendizagem, mas apenas motivo de qualificação final da atividade.

ATIVIDADES DE MANIPULAÇÃO E EXERCITAÇÃO DE ASPECTOS FORMAIS DA LÍNGUA

A maioria das atividades escritas da aula de língua está centrada nos **aspectos formais da linguagem** ou tem por objeto **elementos isolados**. Ou seja, a linguagem constitui-se em objeto em si mesma, e a exercitação é orientada primordialmente para os aspectos formais (ortografia, gramática, etc.) ou para elementos que, embora sejam significativos (a palavra, a frase, etc.), são tratados de forma descontextualizada, distantes do uso linguístico.

Sem dúvida, as atividades analíticas são imprescindíveis para a aprendizagem consciente da linguagem e devem ter seu lugar na escola. Contudo, é preciso situá-las em relação a um processo ensino-aprendizagem da linguagem que tenha como objetivo principal que o aluno, na etapa de escolarização obrigatória, desenvolva suas atividades linguístico--comunicativas.

A ênfase nas atividades de tipo analítico pode levar ao paradoxo assinalado por Rockwelle (1982), segundo o qual, em todas essas práticas, se faz algo **com** a língua escrita – copia--se, desenha-se, verbaliza-se, assinala-se ou marca-se, "analisa-se", memoriza-se, etc. –, mas não se faz língua escrita. Aprende-se a fazer algo com o texto e, ao mesmo tempo, aprende-se a **não** lê-lo, a **não** procurar compreendê-lo.

Desse modo tão curioso, e diferentemente do uso social no qual a língua escrita é utilizada para comunicar todo tipo de mensagem, é na escola que os alunos aprendem a limitar-se a operar com o texto, e não a buscar sentido nele. Parece evidente que, para aprender a usar a língua, e, nesse caso, para aprender a entender uma mensagem escrita, é necessário "fazê-lo".

para refletir !!!

É a interação com o professor e com os colegas durante o processo de elaboração do significado, ou seja, durante o processo que conduz à compreensão do texto, que deveria permitir aos alunos avançar além de seu nível real de leitura naquele momento. Nesse sentido, Vygotsky (1979) insiste particularmente na importância da colaboração com o menino ou a menina para a construção de suas aprendizagens.

ATIVIDADES NAS QUAIS O PROFESSOR MANTÉM O MONOPÓLIO DA INTERPRETAÇÃO

Aprender é uma atividade construtiva que o aprendiz deve levar a cabo. Contudo, para essa tarefa, é imprescindível a intervenção do adulto, que tem de exercer uma função de mediador a partir dos conhecimentos que o aluno já possui.

No caso da aprendizagem da compreensão na escola, produz-se um tipo de atividade interpretativa que implica a intervenção do professor no processo de leitura e interpretação do texto, mas que, ao contrário, não envolve o aluno. A análise de atividades de interpretação e comentário de textos literários ou informativos evidenciou que, em geral, o professor se transforma em intermediário entre o texto escrito e o aluno até o ponto de acabar monopolizando a interpretação e impondo-a aos alunos.

Wells (1988) proporciona um exemplo de observação do comentário em aula de um conto ("Elmer, o elefante") que parece representativo da assimetria na interação produzida entre a professora e os alunos. A participação destes reduz-se a respostas de uma única palavra, o que converte uma oportunidade de compartilhar ideias e sentimentos em uma tentativa de deduzir o que a professora pensa que se deve dizer:

Professora: Como era Elmer, além de ser feito de retalhos? Você lembra?

Aluno: Sim.

P.: Como era então, Paul?

A.: Era cinza.

P.: Não, não quero dizer de aparência, quero dizer, como era como elefante?

A.: (Sem resposta.)

P.: Que tipo de coisas fazia?

A.: (Sem resposta.)

P.: Bem, era quieto, calado e... era muito sereno?

A.: (Sem resposta.)

P.: O que fazia a primeira vez que... a primeira vez que ouvimos falar dele? Não parava de fazer... aos outros elefantes...

A.: (Risos.)

P.: Bem, era, que tipo de elefante era?

A.: De retalhos.

P.: Sim, além de retalhos. Que tipo de elefante, além de ser feito de retalhos? Era um elefante muito triste?

A.: Não... (Murmurando.) Sim.

P.: De verdade? (Surpresa.) Eu não acho. Como era, Simon? Era contente?

A.: (Ao mesmo tempo que a professora.) Alegre.

P.: Contente, bem. Não lhes ocorre nenhuma outra palavra?

A.: Alegre.

P.: Alegre, sim. Ocorre a alguém outra palavra?

A.: Contente, sorridente...

P.: Sorridente. Que outra palavra temos que signifique um elefante contente, sorridente? Ocorre a alguém outra palavra? Estava de bom humor e alegre, não?

A.: Sim. (Com segurança)

P.: (Continua o conto.)

Esse tipo de atividade é o que modela as aulas de maneira bastante frequente. O professor interpreta o livro-texto que o aluno terá de estudar posteriormente, ajustando-se à interpretação que o professor fez dele. Assim, o professor determina o que sabem ou não seus alunos e programa para eles a atividade que considera necessária para obter a nova informação.

atenção

A consequência do tipo de relação educativa gerado por atividades em que o professor detém o monopólio da interpretação é que os alunos não desenvolvem as estratégias de leitura de forma autônoma e se habituam a depender passivamente do professor para:

- ter acesso ao texto;
- distinguir suas ideias principais; e
- construir a representação mental pertinente.

Apesar das limitações indicadas, é certo que, ao interpretar o texto perante a classe, o professor utiliza a leitura como base de seus esclarecimentos, de seus exemplos, bem como resume-a em esquemas no quadro. Além disso, ele acrescenta experiências pessoais sobre o tema, relaciona-o com outros conhecimentos dos alunos e, inclusive, chega a mostrar-se crítico em relação a algum ponto concreto do texto.

Em suma, como afirma Rockwelle (1982), o que o professor oferece implicitamente aos alunos, no decorrer de toda essa atividade, é exatamente um modelo operativo do que é realmente ler. De acordo com Rockwelle (1982), as estratégias representadas são necessárias para o desenvolvimento de uma competência real na leitura:

- consultar;
- avaliar;
- discriminar segundo o contexto;
- usar as ilustrações ou adiantar-se na leitura para encontrar mais informação;
- relacionar o texto com conhecimentos prévios ou experiências próprias; e, a partir disso,
- organizar a interpretação do texto.

De alguma maneira, os alunos aprendem a usar tais estratégias ao enfrentar a tarefa de "encontrar sentido" na língua escrita. Contudo, esse tipo de estratégia não encontra expressão dentro da estruturação da leitura formal; geralmente, elas ficam deslocadas diante da exigência de enfocar e reproduzir a versão "textual" do que foi lido.

para refletir !!!

"Representar" o que é preciso fazer para ler não é suficiente. O próprio aluno tem de levar a cabo a atividade leitora, tem de enfrentar os problemas de compreensão e tem de tentar resolvê-los. O professor não deveria ser, pois, o intérprete por excelência, mas precisaria reduzir seu papel, oferecendo aos alunos a ajuda necessária para que **eles** pudessem chegar a uma interpretação adequada do texto.

A NECESSIDADE DE ENSINAR A COMPREENDER

No momento atual, a situação educativa parece evoluir auspiciosamente no sentido da possibilidade de mudar a prática escolar descrita aqui.

Em primeiro lugar, produziu-se uma importante **modificação das finalidades do sistema educativo**. A escola está interessada em propiciar uma aprendizagem significativa, e não meramente memorística dos saberes transmitidos (NOVAK; GOWIN, 1988). Tal modificação parece mais imperativa pela impossibilidade de assimilação de conteúdos informativos que são cada vez mais volumosos, mudam com grande velocidade e podem ser armazenados por meios tecnológicos.

Em segundo lugar, a constatação do fracasso leitor de amplas camadas da população escolarizada e sua vinculação com o fracasso escolar contribuem, sem dúvida, para a **necessidade de melhorar essas aprendizagens**, visto que o estudo sobre o tema pode trazer descrições muito mais detalhadas sobre o modo como o leitor atua e constrói a compreensão de um texto.

A partir desses avanços, pode-se planejar o ensino da leitura como uma ajuda mais real e efetiva para os alunos. Constatou-se, com a falta de instrução escolar sobre a compreensão leitora, que indubitavelmente a primeira tarefa da escola é incorporar esse ensino a sua programação.

Parece óbvio que, quando se pede aos alunos que destaquem e estudem as ideias principais de um texto, mudem coerentemente o final de um conto, preparem uma conferência a partir de diversos materiais ou deem um título a uma notícia, eles têm de receber instruções precisas sobre como fazer isso. Deixando de lado as diferentes intenções e as habilidades comuns a todas as atividades de leitura, seu núcleo central reside na possibilidade de que o leitor possa descobrir a lógica interna do texto e possa construir uma interpretação adequada de seu significado.

▶ Problemas da compreensão do texto

Para saber qual é a melhor maneira de incidir de forma educativa na aprendizagem leitora, é indispensável reunir os resultados da pesquisa sobre a leitura. Tais resultados se centraram, recentemente, na comparação entre dois grupos:

- ▶ leitores que conseguem uma compreensão satisfatória do texto; e
- ▶ leitores que fazem uma interpretação que não corresponde à mensagem escrita.

O interesse desse campo de pesquisa reside em que o conhecimento das diferenças entre esses dois grupos de leitores permite explicitar a **distância** que a educação escolar deve cobrir. Além disso, determinar as divergências nos procedimentos utilizados pelos bons leitores e os aprendizes de leitor ajuda a definir os **mecanismos** que é preciso dominar para conseguir uma boa interpretação do texto. Tal conhecimento constitui um ponto de partida para que possam desenvolver-se, depois, maneiras operativas de favorecer a aprendizagem da leitura.

Investigar a representação do texto que o leitor formou mentalmente e, mais ainda, o que ele fez para chegar a obtê-la apresenta um primeiro problema básico: o da necessidade de traduzir tanto a representação quanto o processo de obtenção em alguns dados externos suscetíveis de serem analisados. Assim, as pesquisas sobre o **resultado** da compreensão leitora basearam sua análise principalmente nos seguintes aspectos:

- a lembrança do texto lido por parte do leitor;
- a formulação de juízos sobre a própria interpretação do texto; e
- a elaboração de resumos.

Por outro lado, as pesquisas sobre os **processos** centraram-se em fatores como:

- a observação do comportamento do leitor durante a leitura em voz alta;
- a leitura de textos com erros ou omissões;
- as próprias explicações do leitor sobre como lê; e
- a medida dos movimentos oculares.

Podem ser feitas algumas observações mais generalizadas sobre a compreensão leitora a partir da constatação desse tipo de material. Em primeiro lugar, com relação ao resumo como reprodução significativa do que o leitor entende como essencial de um texto, as pesquisas de Winograd (1984), Brown e Day (1980) e outros autores indicam que as diferenças entre os leitores que demonstram um grau de compreensão mais elevado e aqueles que não alcançam a interpretação do texto podem ser sintetizadas conforme o Quadro 2.1.

Tomando como base as características do Quadro 2.1, a diferença fundamental que os autores estabelecem entre os resumos dos grupos de leitores contrastados não reside essencialmente na capacidade de selecionar a ideia principal de um texto, já que uma grande maioria de leitores é capaz de selecionar o tema tratado. As diferenças parecem estabelecer-se entre:

- incluir a ideia principal em uma **lista diferenciada**, cercando-a de um conglomerado de ideias de detalhe, como fazem os leitores deficientes; ou
- saber estabelecer uma **rede articulada** entre a ideia principal e as ideias dos níveis intermediários do texto, como fazem os leitores que entendem o texto.

Por exemplo, Geva (1983) constatou que os alunos que conseguiam indicar a ideia principal em cada parágrafo eram incapazes de estabelecer corretamente as relações existentes entre essas ideias para configurar a articulação do texto.

Em segundo lugar, Markman (1979) e Winograd (1984) destacam como os bons leitores se distinguem por sua capacidade de perceber as incoerências e os erros que aparecem no texto ou em sua interpretação durante a leitura. Se, ao contrário, a inconsistência não é detectada, o leitor continua operando com dados errôneos que, dependendo de sua magnitude, podem mesmo impossibilitá-lo de construir uma significação adequada.

para saber +

Afirmou-se que os meninos e as meninas têm um limiar muito mais alto do que os leitores adultos para aceitar a falta de conexão entre as unidades do texto e tendem a ignorar as incoerências que aparecem nele. Inclusive há autores, como Schiller (1973), que relacionaram esse fenômeno com o hábito do consumo televisivo ou de historietas ilustradas, que poderia acostumar meninos e meninas a admitir um ritmo muito sincopado das sequências sem tentar suprir os enlaces entre as cenas que vão se sucedendo mediante seu raciocínio por inferência.

Por último, parece característico dos bons leitores saber adaptar a informação obtida à consecução de seus propósitos, enquanto os demais leitores tratam a informação como se apenas fosse aplicável de forma direta e são incapazes de utilizá-la de forma criativa para resolver seus problemas.

CAUSAS DAS DIFICULDADES DE COMPREENSÃO

As conclusões da maioria das observações coincidem ao considerar que a impossibilidade de construir uma representação estruturada por parte do leitor pareça ser provocada por dois tipos de carências principais, as quais serão apresentadas na sequência.

▶ **Os leitores não dominam os níveis intermediários da informação do texto**

Esse tipo de déficit parece ocorrer porque os leitores não possuem esquemas textuais claros e não reconhecem as chaves que o autor usa para revelar como é organizada a informação, nem a importância que devem atribuir ao conjunto do texto. Nesse sentido, o desconhecimento por parte dos meninos e das meninas das **estruturas textuais** mais frequentes e das **pistas** mais proveitosas para o leitor os impede de usar tais esquemas

QUADRO 2.1 ▶ CARACTERÍSTICAS DE LEITORES COM UM GRAU DE COMPREENSÃO ELEVADO *VERSUS* CARACTERÍSTICAS DE LEITORES QUE NÃO ATINGEM A INTERPRETAÇÃO DO TEXTO

LEITORES QUE ENTENDEM O TEXTO	LEITORES COM DÉFICIT DE COMPREENSÃO
Resumem o texto de forma hierarquizada (destacam as ideias mais importantes e distinguem as relações que há entre as informações do texto).	Acumulam a informação em forma de lista.
Sintetizam a informação (sabem utilizar palavras ou construir frases que as englobem e fazem abstrações a partir de expressões e conceitos mais detalhados e concretos do texto).	Suprimem o que lhes parece redundante. Copiam o resto sem orientação determinada.
Selecionam a informação segundo sua importância no texto e entendem como valorizaram o emissor (**relevância textual**, segundo Van Dijk), embora a eles mesmos possa interessar uma seleção distinta.	Selecionam muito influenciados pela colocação da informação no texto (com predomínio de frases iniciais) ou segundo seu interesse subjetivo (**relevância contextual**, segundo Van Dijk).

para ordenar e relacionar a informação, e também para planejar sua recuperação posterior, ou seja, para recordá-la, caso necessário.

Imaginemos, por exemplo, um texto que se baseie na comparação de um mesmo fenômeno em dois momentos diferentes. Se o leitor souber extrair e utilizar o padrão dual para sua recordação (antes/agora), será fácil para ele evocar os traços diferenciais do fenômeno, atribuindo-os a um lado e outro do esquema temporal. Além disso, ele se servirá de alguns traços para recordar os opostos. Contudo, se o leitor não construir nenhum esquema, provavelmente apenas recordará que o texto fala desse fenômeno e que explica algumas coisas dispersas, provavelmente as que mais o tenham surpreendido.

A ignorância sobre as marcas formais do texto também causa problemas de compreensão, podendo, por exemplo:

▶ impedir que o leitor atribua com precisão as relações estruturais (causais, adversativas, concessivas, etc.) entre as ideias de um texto;

▶ tornar o leitor tão dependente da ordem superficial que pode não entender, por exemplo, uma relação de causa e efeito que apareça cronologicamente alterada; ou

▶ impossibilitar o leitor de criar expectativas sobre a informação seguinte, como pode fazer um leitor mais experiente que, por exemplo, depois de um "em primeiro lugar" espera uma informação da mesma categoria, introduzida previsivelmente por um "em segundo lugar".

Os bons leitores apoiam-se nesse tipo de saberes para construir a representação mental das relações do texto e para tratar de retê-la. Graças a esses conhecimentos, podem:

▶ realizar operações frequentes em leituras de estudo escolar, como escolher as partes fundamentais para relê-las;

▶ deter-se para resolver a incompreensão de um parágrafo, traduzindo mentalmente suas informações em relações de causa e consequência; ou

▶ passar rapidamente por cima dos exemplos no momento de repassar a informação.

Outro tipo de desconhecimento que impede a construção do significado é o de não saber como fazê-lo, no sentido de não saber realizar as operações caracterizadas por Kintsch e Van Dijk (1978) como macrorregras.

▶ Os leitores não dominam as estratégias de controle de sua própria compreensão

Embora quando se lê possam apresentar-se problemas de compreensão, os leitores com dificuldades caracterizam-se por não serem conscientes da ocorrência de tais problemas ou por não saberem como retificar sua interpretação. Assim considerado, o tema do controle da própria compreensão é muito amplo. Os alunos avançarão nele de forma indefinida, dado que pode incluir desde a reparação de uma palavra equivocada até a capacidade de distanciar-se criticamente do texto.

importante ≫

A posse de esquemas deficientes condiciona a possibilidade de controle, porque, se o leitor não integrou a informação em um esquema, tampouco perceberá a falta de coerência na progressão das ideias, ou entre o texto e suas próprias inferências.

Um problema adicional é que os leitores aprendizes não são conscientes das inferências que eles mesmos fazem. Eles incorporam-nas à lembrança como uma informação do próprio texto, e quando, mais adiante, tais inferências revelam-se como incorretas, interpretam isso como uma incoerência do texto que não se entende, sem saber que o que deveriam retificar são suas próprias deduções.

Por último, no caso de a dificuldade ter sido detectada, a necessidade de controle inclui também a capacidade do leitor para discernir se a causa reside em alguma incoerência na construção do significado (inferência falsa, má atribuição de relações, etc.) ou é atribuível a sua falta de conhecimentos na matéria, no vocabulário, etc. Apenas a caracterização do erro permitirá adotar as soluções adequadas para cada situação.

COMO ENSINAR A COMPREENDER: ALGUMAS EXPERIÊNCIAS

A partir dos progressos teóricos na elucidação das principais causas dos déficits na compreensão leitora, incrementaram-se, nos últimos anos, as pesquisas sobre a possibilidade de incidir no domínio dos saberes necessários, com base em programas e atividades de instrução específica. Os resultados das pesquisas sobre ajuda à compreensão podem ser utilizados pelos professores como orientações de atuação para o ensino da compreensão leitora em sua prática escolar.

▶ **Incrementar a iniciativa de alunos e alunas**

As atividades escolares mais frequentes na escola para ajudar a compreender e recordar o que se leu são as seguintes:

- ▶ resumir;
- ▶ sublinhar as ideias principais;
- ▶ tomar notas; ou
- ▶ formular perguntas sobre o texto.

Às vezes, esses procedimentos estão incorporados no livro-texto; outras vezes, são de iniciativa do professor, que resume oralmente, parafraseia, esquematiza no quadro ou simplesmente troca opiniões com os alunos sobre o significado do texto. Em um nível muito básico, esse intercâmbio cria as condições adequadas para que os alunos contextualizem a informação e apliquem muitos conhecimentos sobre a linguagem que já dominam na língua oral, como, por exemplo, a ilação de inferências, comum na conversa, a consciência da funcionalidade da linguagem ou a relação com seus conhecimentos prévios. Trata-se, agora, de aprender a transferi-los à linguagem escrita.

> **dica**
>
> É evidente que todas as atividades para auxiliar a compreender e recordar o que se leu, quando orientadas pelo professor, representam uma ajuda para aceder à informação. Contudo, as observações realizadas indicam que sua eficácia aumenta quando são os próprios alunos que elaboram os instrumentos de exploração do texto, em vez de limitarem-se a seguir esquemas, resumos e interpretações já fixadas.

Um objetivo bem claro para melhorar o ensino da compreensão leitora envolve dar aos alunos um papel muito mais ativo na elaboração do significado, ensinando-os a elaborar os instrumentos e as maneiras efetivas de fazê-lo. A seguir, indicaremos algumas linhas de pesquisa sobre exercitação da compreensão de textos que parecem particularmente proveitosas e representativas da perspectiva atual sobre este tema.

▶ Utilizar formas gráficas de representação

Muitos autores experimentaram métodos de ajuda a partir da utilização de formas de representação gráfica. Geva (1983) assinala o avanço obtido por alunos que foram exercitados no uso de **diagramas**. Esse tipo de representação parece oferecer as vantagens de imitar a maneira como se estrutura nosso conhecimento e permitir explicitar visualmente as complexas relações estruturais do texto, muitas vezes encobertas pelo desenvolvimento linear da linguagem. De forma muito esquemática, o método seguido por Geva consiste em:

1. sublinhar os fragmentos do texto;
2. identificar sua função (causas, exemplos, processos, etc.);
3. identificar as partículas que os conectam e caracterizam (e inferi-las, quando não são explícitas); e
4. representar o texto em um diagrama.

▶ Oferecer modelos de compreensão e controle (a modelagem do professor)

Baumann (1984) e outros autores (AULLS, 1990; KAMEENUI, 1990; etc.) utilizaram, em suas pesquisas, métodos baseados no **modelo de ensino direto**, desenvolvido nos Estados Unidos a partir dos anos de 1970. Com isso, eles buscavam saber se os alunos melhoram em sua capacidade de distinguir as ideias principais e de estabelecer relações entre as ideias principais e os detalhes dos textos uma vez que a escola os tenha ensinado explicitamente a fazer isso.

Esses métodos propõem sequências educativas nas quais o professor mostra claramente como se faz uma tarefa e, a seguir, vai delegando a iniciativa aos alunos. Com ligeiras variações, os passos seguidos seriam os seguintes:

1. comunicação aos alunos dos objetivos a alcançar e de sua importância;
2. instrução direta sobre como distinguir os detalhes e as ideias principais dos parágrafos lidos (uso de representações gráficas do texto para a compreensão da explicação);
3. aplicação das regras dirigida pelo professor para identificar, inferir ou gerar ideias principais com comentários coletivos dos alunos e *feedback* imediato do professor; e
4. prática independente dos alunos.

Baumann (1990) propõe uma programação sobre o ensino da ideia principal que se desenvolve ao longo de vários cursos e que segue os seguintes passos:

1. encontrar a ideia principal que engloba uma lista de palavras;
2. encontrar a ideia principal a partir de frases (definir a ideia principal como tema [de que trata a frase] e o que se diz do tema);
3. distinguir a ideia principal explícita e os detalhes que se relacionam com ela em um parágrafo;
4. inferir a ideia principal não explícita e os detalhes em um parágrafo;
5. encontrar a ideia principal explícita e os detalhes em textos breves;
6. inferir a ideia principal não explícita e os detalhes em textos breves;
7. esquematizar a ideia principal explícita e os detalhes (ideias explícitas ou implícitas) em textos breves;
8. esquematizar a ideia principal implícita e os detalhes em textos breves; e
9. encontrar a ideia principal (a macroestrutura) de textos extensos, bem como um segundo nível subordinado de ideias principais do texto breve (umas cinco ou seis) e um terceiro nível subordinado de ideias principais de parágrafo (umas três ou quatro), esquematizando, de forma hierárquica, os três níveis.

Uma ajuda gráfica à representação mental dessas hierarquias seria, por exemplo, a apresentada na Figura 2.1, utilizada no ensino do Passo 4.

O ENSINO E A APRENDIZAGEM DA LEITURA

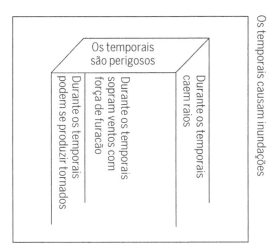

FIGURA 2.1 ▶ Representação das hierarquias segundo o programa de Baumann (1990).

Collin e Smith (1980) descrevem também um modelo de instrução do controle da compreensão da leitura, que passaria pelos seguintes estágios:

1. modelagem do professor a partir de sua leitura em voz alta;
2. aumento da participação dos alunos no papel de pessoa que levanta questões e ajuda nas respostas; e
3. leitura silenciosa e autônoma de cada aluno à medida que interioriza a maneira de proceder.

importante »

No estágio de modelagem, o professor tem de verbalizar os processos internos que intervêm na construção do significado e mostrar aos alunos, por meio de seu exemplo prático, o que devem fazer para controlar a compreensão. Assim, ele deve:

▶ deter-se, depois da leitura de cada parágrafo, para comentar as expectativas sugeridas pelo texto;

▶ explicitar em que indícios do texto se baseia para abandonar umas ou formular outras; e

▶ comentar as dúvidas e a perplexidade com que se depare ao longo da leitura, assim como sua forma de resolvê-las.

▶ **Aumentar a sensibilidade às incoerências do texto**

August, Flavell e Clift (1984) indicam que atividades como dar textos com erros de diferentes níveis a meninos e meninas e fazê-los assinalar e corrigir as incoerências podem melhorar a sensibilidade leitora para o uso dos indícios nos quais aprenderam a fixar-se. Levá-los a distinguir entre incoerências que se resolvem ou não no próprio texto pode ajudá-los também a não esquecer as inferências feitas.

▶ **Utilizar técnicas de discussão coletiva**

Alvermann, Dillon e O'Brien (1990) experimentaram técnicas de discussão em aula como método de ensino para a compreensão leitora em várias áreas do currículo.

definição ▼

A **discussão** é definida por Alvermann, Dillon e O'Brien (1990) como uma atividade na qual a ênfase é colocada na participação dos alunos, que devem interagir entre eles e com o professor, em um tipo de intervenção que supere a típica frase de duas ou três palavras. Esse conceito é utilizado em oposição ao de **recitação**, que é definida como uma atividade centrada no professor, que faz perguntas aos alunos de forma breve e continuada sobre a leitura realizada.

A pesquisa parece demonstrar a pouca eficácia da recitação para desenvolver habilidades superiores de leitura, apesar de sua grande presença na escola, e recomenda sua redução a tarefas muito específicas, em favor da utilização da discussão como instrumento usual de ensino. Efetivamente, a discussão baseada no texto:

▶ ajuda os estudantes a enriquecer sua compreensão ao oferecer-lhes as interpretações dos demais;

▶ reforça a memória dos estudantes em longo prazo, já que eles devem recordar a informação para explicar o que entenderam; e

▶ contribui para melhorar a compreensão em profundidade e o pensamento crítico quando os alunos têm de apresentar argumentos sobre as opiniões emitidas e eliminar as incoerências e contradições lógicas de seu próprio pensamento com relação ao texto lido.

Além disso, a discussão oferece um contexto muito mais variado para poder introduzir **perguntas literais** (sobre informação explícita do texto), **perguntas interpretativas** (sobre informação implícita) e **perguntas aplicadas**. Isso repercute na aprendizagem do aluno sobre as diferentes maneiras de proceder, já que aparentemente a forma de pensar dos alunos sobre o texto é muito determinada pela maneira como os professores lhes pedem que pensem por meio de suas perguntas e propostas.

No mesmo sentido, Dillon (1984 apud ALVERMANN; DILLON; O'BRIEN, 1990) recomenda aos professores sete maneiras de intervir durante o comentário coletivo do texto, de forma que seja mais fácil substituir o questionamento tradicional em favor de uma participação maior dos alunos. Assim, em vez de fazer uma pergunta, o professor pode agir de uma das maneiras apresentadas no Quadro 2.2.

para saber +

Com relação à última maneira de intervenção apresentada no Quadro 2.2, Rowe (1974 apud ALVERMANN; DILLON; O'BRIEN, 1990) descobriu que a maioria dos professores espera apenas um segundo antes de repetir uma pergunta ou de dirigir-se ao aluno seguinte. Outros pesquisadores assinalaram que, se os professores esperassem uns segundos a mais, o envolvimento dos alunos e a extensão de suas respostas aumentariam.

QUADRO 2.2 ▶ SETE MODOS DE INTERVENÇÃO DE PROFESSORES NO COMENTÁRIO COLETIVO DE TEXTOS, SEGUNDO DILLON (1984 APUD ALVERMANN; DILLON; O'BRIEN, 1990).

MODO	EXEMPLO(S)
Fazer uma afirmação declarativa ou objetiva.	"Desde o início, este governo teve muitos problemas."
Afirmar de forma reflexa o que o aluno disse.	"Então, sua opinião é que..."
Descrever o estado mental do aluno.	"Parece que você diz isso porque é contra essa atuação."
Pedir ao aluno que explique sua opinião.	"Valeria a pena saber com que critério você escolheu isto."
Estimular o aluno a formular uma pergunta.	"Para saber isso, você precisa me perguntar por que os chamei assim antes."
Estimular os alunos a fazer perguntas entre eles.	Pode-se colocar uma afirmação muito polêmica ou contrapor afirmações feitas pelos alunos.
Permanecer em silêncio deliberadamente.	—

Contudo, as instruções sobre a melhor maneira de o professor intervir implicam o risco de ele absorver sua atenção no próprio desempenho, de tal modo que perca a espontaneidade e, em certa medida, fique bloqueado. A solução para esse problema pode se apresentar de duas formas:

- a incorporação das técnicas escolhidas de forma muito gradual e previamente interiorizada pelo professor em sua preparação da aula fora da classe; e/ou
- a substituição das práticas habituais por outras que já incorporem uma participação mais rica dos alunos em sua proposição.

Por exemplo, a proposta de fazer algo concreto com a informação do texto provavelmente proporcionará uma discussão e uma compreensão mais profundas da informação do que uma simples sequência de perguntas e respostas.

▶ Ajudar a interiorizar orientações a serem seguidas

Afflerbach e Johnston (1983), a partir da análise de como operam os bons leitores, propõem-se a ensinar a abordar o texto das seguintes maneiras:

1. **Elaborar uma hipótese inicial sobre o que deve dizer**: dar uma olhada no texto, formar uma ideia do conteúdo e contrastá-la com a posterior leitura em profundidade.

2. **Praticar a enumeração**: se, depois de ler o texto, o leitor não conseguiu formar uma ideia clara do que diz, pode fazer uma leitura rápida, enumerar elementos (frases, palavras relacionadas, etc.) e procurar construí-la.

3. **Localizar o tema de que trata o texto e o que é dito sobre ele (o que os autores denominam estratégia do tema e comentário)**: ler rapidamente e extrair o tema, ler mais detidamente e achar o comentário que pode acompanhar o tema.

importante ≫

Em todas as práticas propostas por Afflerbach e Johnsthon (1983), é preciso que os alunos aprendam a não abranger mais texto do que podem assimilar. Portanto, eles devem acostumar-se a fazer pausas para organizar as informações sem sobrecarregar a memória.

Com relação à necessidade escolar de aprender a reter a informação, Adams, Carine e Gersten (1982) atualizaram um método clássico para ensinar a estudar, o **SQ3R (Search, Question, Reading, Recitation and Revision)**, de Robinson (1961). Por intermédio do método de instrução direta, os passos propostos para essa exercitação consistem nas seguintes atividades:

1. antecipar a mensagem com a leitura de títulos e subtítulos;
2. recitar os subtítulos;
3. perguntar-se sobre o que se quer saber a partir das expectativas criadas pelos subtítulos;
4. ler o texto para ver se há informação adicional sobre a qual os alunos não haviam perguntado;
5. reler os subtítulos como chave de recuperação da informação lida (recitar as respostas às perguntas e os detalhes adicionais importantes); e
6. repassar todo o texto (recordar a informação importante a partir da leitura de cada subtítulo).

Outro método similar é o que apresenta Stauffer (1975):

1. os estudantes leem o título e o primeiro parágrafo;
2. pede-se a eles que antecipem do que trata o texto;
3. os estudantes leem o texto para comprová-lo; e
4. pede-se a eles que expliquem por que suas previsões estavam corretas ou não.

▶ Relacionar a compreensão com a produção de textos

A relação entre as habilidades de compreensão e de produção de textos é um tema muito complexo, que supera nossa intenção de nos mantermos basicamente no terreno da compreensão leitora. Ainda assim, não podemos finalizar este capítulo sem nos referirmos à produção de textos como recurso para o ensino da compreensão.

didática geral

Citaremos como exemplo, nessa linha, as propostas de Flood e Lapp (1990). Seu objetivo é ajudar os alunos a compreender que, em um texto informativo bem-construído, segue-se um esquema organizacional que contém uma ideia principal que aglutina outras informações, enunciadas de forma explícita ou implícita. Para conseguir isso, os alunos têm de redigir textos com essas características seguindo os passos subsequentes:

1. Na fase de pré-escrita, o aluno escolhe o tema sobre o qual deseja escrever, e o professor o ajuda a pensar no que sabe sobre ele. O aluno escreve isso em uma ficha e busca mais informação (Fig. 2.2).
2. A seguir, o aluno deve selecionar a informação mais importante da ficha da Figura 2.2 e sintetizá-la em uma ficha de redação do tema (Fig. 2.3). Este passo inclui escolher os detalhes que esclarecem ou desenvolvem a ideia.
3. O último passo é a correção e a escrita seguida do texto.

Tema: .... (por exemplo: motociclismo)
Coisas que sei:
1 ....
2 ....
3 ....
4 ....
Coisas que aprendi:
Fonte
  1. Material de consulta   1 ....
  2. Material de consulta   2 ....
  3. Professora   3 ....
  4. Outra pessoa   4 ....

FIGURA 2.2 ▶ Ficha: questionário de pré-leitura.

para saber +

COLOMER, T.; CAMPS, A. *Ensinar a ler, ensinar a compreender.* Porto Alegre: Artmed, 2003.

Ideia principal:
(por exemplo: a moto mais rápida do mercado é a Kawasaki)

Detalhes secundários:

1 ....
(Ultrapassou 150km por hora em duas corridas profissionais)

2 ....
(Nenhuma outra moto a ultrapassou)

3 ....

4 ....

FIGURA 2.3 ▶ Ficha de redação do tema.

REFERÊNCIAS

ADAMS, A.; CARNINE, D.; GERSTEN, R. Instructional strategies for studying content area texts in the intermediate grades. *Reading Research Quarterly*, v. 18, n. 1, p. 27-55, 1982.

AFFLERBACH, P. P., JOHNSTON, P. H. ¿Qué hacen los buenos lectores cuando el texto no enuncia la idea principal?. In: BAUMANN, J. F. (Ed.). *La comprensión lectora*. Madrid: Visor, 1990.

ALVERMANN, D. E.; DILLON, D. R.; O' BRIEN, D. G. Discutir para comprender, Madrid: Visor-Aprendizaje, 1990.

AUGUST, D. L.; FLAVELL, J. H.; CLIFT, R. Comparison of comprehension monitoring of skilled and less skilled readers. *Reading Research Quarterly*, v. 20, n. 1, p. 39-53, 1984.

AULLS, M. W. Enseñanza activa de las habilidades de comprensión de las ideas principales. In: BAUMANN, J. F. (Ed.). *La comprensión lectora*. Madrid: Visor, 1990.

BAUMANN, J. F. The effectivess of a directinstruction paradigm for training main idea comprehensions. *Reading Research Quartely*, v. 20, p. 93-115, 1984.

BAUMANN, J. F. *La comprensión lectora*. Madrid: Visor, 1990.

BERNSTEIN, B. A critique of the concept of compensatory education. In: RUBINSTEIN, D.; STONEMAN, C. (Ed.). *Education for democracy*. New York: Penguin Books, 1970.

BERNSTEIN, B. *Class, codes and control*. London: Routledge and Kegan Paul, 1973. v. 2.

BRALAVSKY, B. P. *La lectura en la escuela*. Buenos Aires: Kapelusz, 1983.

BROWN, A. V.; DAY, D. *Strategies and knowledge for summarizing texts*: the development of expertise. [S. l.]: Univ. Illinois, 1980.

CHARMEUX, E. *Savoir lire au college*. Paris: CEDIC, 1985.

COLE, M.; GRIFFIN, P. A socio-historical approach to re-mediations. *The Quarterly Newsletter of the laboratory of Comparative Human Cognition*, v. 5, n. 4, p. 69-74, 1978.

COLLINS, J.; MICHAELS, S. *Habla y escritura:* estrategias de discurso y adquisición de la alfabetización. In: COOK-GUMPERZ, J. *The social construction of literacy.* Cambridge: Cambridge University Press, 1986.

COLLINS, A.; SMITH, E. *Teaching the process of reading comprehension (Inf. Tec. núm. 182).* Urbana: Univ. Illinois, Center for the Study of Reading, 1980.

DURKHEIM, D. What classroom observations reveal about comprehension instruction. *Reading Research Quarterly,* v. 14, p. 481-533, 1978-1979.

FERREIRO, E.; TEBEROSKY, A. *Los sistemas de escritura en el desarrollo del niño.* Madrid: Siglo XXI, 1979.

FIJALKOW, J. *Mauvais lecteurs*: pourquoi? Paris: PUF, 1985.

FLOOD, J.; LAPP, D. Extraer la idea principal de la idea principal: um proceso de lecto-escritura. In: BAUMANN, J. F. (Ed.). *La comprensión lectora.* Madrid: Visor, 1990.

GEVA, E. Facilitating reading comprehension through flowcharting. *Reading Research Quarterly,* v. 18, n. 4, p. 384-405, 1983.

KAMEENUI, E. J. Enseñar a comprender las ideas principales a alunos lentos: un análisis de enseñanza directa. In: BAUMANN, J. F. (Ed.). *La comprensión lectora.* Madrid: Visor, 1990.

KINTSCH, W.; VAN DIJK, T. A. Toward a model of text comprehension and production. *Psychology Review,* v. 85, p. 363-384, 1978.

LANGFORD, P. *Concept development in the secondary school.* New York: Croom Helm, 1987.

LURIA, A. R. *Conciencia y lenguaje.* Moscú: Universidad de Moscú, 1979.

MARKMAN, E. M. Realizing that you don't understand: elementary school children's awareness of inconsistencies. *Child Development,* v. 50, p. 643-655, 1979.

MATTINGLY, I. G. Reading, the linguistic process, and linguistic awareness. In: KAVANAGH, J. F.; MATTINGLY, I. G. (Ed.). *Language by Ear and by Eye.* Cambridge: MIT, 1972. p. 133-148.

NATIONAL ASSESSMENT OF EDUCATIONAL PROGRESS. *The Reading Report card.* [S. l.: s. n], 1985.

NOVAK, J. D.; GOWIN. *Aprendiendo a aprender.* Barcelona: Martínez Roca, 1988.

ROBINSON, F. P. *Effective study.* Nova York: Harper and Row, 1961.

ROCKWELLE, E. Los usos escolares de la lengua escrita. In: FERREIRO, E.; GÓMEZ PALACIO, M. *Nuevas perspectivas sobre los procesos de lectura y escritura.* México: Siglo XXI, 1982.

SCHILLER, H. *The mind manager.* Boston: Beacon Press, 1973.

SIMONS, H. D.; MURPHY, S. Estrategias en el lenguaje hablado y adquisición de la aptitud de leer. In: COOK-GUMPERZ, J. *The social construction of Literacy.* Cambridge: Cambridge University Press, 1986.

SOLÉ, I. *L'ensenyament de la comprensió lectora.* Barcelona: CEAC, 1987.

VYGOTSKY, L. *Mind in society:* the development of higher psychological processes. Cambridge: Harvard University Press, 1978.

WELLS, G. Aprendices en el dominio de la lengua escrita. Psicología y Educación. Realizaciones y tendencias en la investigación y en la práctica. JORNADAS INTERNACIONALES DE PSICOLOGÍA Y EDUCACIÓN, 2. Actas... Madrid: VisorAprendizaje/MEC, 1987.

WINOGRAD, P. Strategic difficulties in summarizing texts. *Reading Research Quarterly,* v. 19, n. 4, p. 404-425, 1984.

>3

Organizar e dirigir situações de aprendizagem

PHILIPPE PERRENOUD

habilidades e competências

>> Debater a necessidade de os professores atuais passarem a se enxergar como conceptores-dirigentes de situações de aprendizagem.

>> Aplicar em sala de aula as competências específicas inerentes à competência de organizar e dirigir situações de aprendizagem.

neste capítulo você estudará:

>> A competência de organizar e dirigir situações de aprendizagem em contraste com a pedagogia magistral e padronizada.

>> As competências específicas intrínsecas à competência global de organizar e dirigir situações de aprendizagem.

INTRODUÇÃO

para refletir !!!

Por que apresentar a capacidade de organizar e de dirigir situações de aprendizagem como uma nova competência? Ela não estaria no próprio cerne do ofício de professor?

Com relação a interpretar ou não a capacidade de organizar e dirigir situações de aprendizagem como uma nova competência, tudo depende, evidentemente, do que se esconde sob as palavras. O ofício de professor foi, por muito tempo, associado à aula magistral seguida de exercícios. A figura do *magister* lembra aquela do *discípulo*, que "bebe suas palavras" e nunca para de se formar em contato com ele, elaborando posteriormente seu pensamento.

Escutar uma lição, fazer exercícios ou estudar em um livro podem ser atividades de aprendizagem. Consequentemente, o professor mais tradicional pode pretender organizar e dirigir tais situações, mais ou menos como M. Jourdin fazia prosa, sem saber, ou, mais exatamente, sem dar importância a isso.

A própria ideia de situação de aprendizagem não apresenta nenhum interesse para aqueles que pensam que se vai à escola para aprender e que todas as situações servem supostamente a esse desígnio. Desse ponto de vista, insistir nas situações de aprendizagem nada acrescenta à visão clássica do ofício de professor. Essa insistência pode até mesmo parecer pedante, como se insistíssemos em dizer que um médico concebe e dirige situações terapêuticas, mais do que simplesmente reconhecer que ele trata seus pacientes, assim como o mestre instrui seus alunos.

para refletir !!!

Com exceção daqueles que estão familiarizados com as pedagogias ativas e com os trabalhos em didática das disciplinas, os professores de hoje não se concebem espontaneamente como conceptores-dirigentes de situações de aprendizagem. Trata-se de uma simples questão de vocabulário ou eles têm razões para resistir a uma maneira de ver que só pode complicar sua vida?

Para pensar sobre o fato de os professores não se enxergarem como conceptores-dirigentes de situações de aprendizagem, tomemos o exemplo do ensino universitário de graduação, tal como ainda é conduzido na maioria dos países. A aula é dada em um anfiteatro, diante de centenas de rostos anônimos. Compreenda e aprenda quem puder!

Nesse contexto, o professor poderia, por um instante, alimentar a ilusão de que cria, para cada um, uma situação de aprendizagem, definida pela escuta da palestra magistral e pelo trabalho de tomada de notas, de compreensão e de reflexão que ela supostamente suscita. Se ele refletir, verá que a padronização aparente da situação é uma ficção e que existem tantas situações diferentes quanto alunos. Cada um vivencia a aula em função de vários aspectos, entre eles:

- seu humor;
- sua disponibilidade;
- o que ouve e compreende;
- seus recursos intelectuais;
- sua capacidade de concentração;
- o que interessa e faz sentido para si; e
- relações que faz com outros saberes ou com realidades que lhe são familiares ou que consegue imaginar.

Nesse estágio da reflexão, o professor terá a sabedoria de suspendê-la, sob pena de avaliar que, na verdade, não sabe grande coisa a respeito das situações de aprendizagem que cria... Ver-se como conceptor-dirigente de situações de aprendizagem não deixa de ter riscos: isso pode levar ao questionamento de sua pertinência e eficácia!

O sistema educativo construiu-se de cima para baixo. É por isso que as constatações feitas até aqui valem, até certo ponto, para o ensino médio e, em menor medida, para o ensino fundamental. Quando os alunos são crianças ou adolescentes, eles são menos numerosos, e o ensino é mais interativo; há mais possibilidades de exercícios e experiências **feitas** por eles (e não **diante** deles). Mesmo assim, os professores deveriam praticar uma pedagogia menos magistral e padronizada.

importante >>

Enquanto praticarem uma pedagogia magistral e pouco diferenciada, os professores não dominarão verdadeiramente as situações de aprendizagem nas quais colocam cada um de seus alunos. No máximo, poderão atentar, usando meios disciplinares clássicos, em que todos os alunos escutem com atenção e envolvam-se ativamente, pelo menos em aparência, nas tarefas atribuídas.

A reflexão sobre as situações didáticas começa com a questão de Saint-Onge (1996): "Eu ensino, mas eles aprendem?". Desde Bourdieu (1966), sabe-se que, por meio dessa pedagogia, só aprendem verdadeiramente os **herdeiros**, aqueles que dispõem dos meios culturais para tirar proveito de uma formação que se dirige formalmente a todos, na ilusão da equidade, identificada, nesse caso, pela igualdade de tratamento. Isso parece evidente hoje em dia. No entanto, foi necessário um século de escolaridade obrigatória para se começar a questionar esse modelo, opondo-lhe um **modelo mais centrado nos aprendizes**, em suas representações, em suas atividades, nas situações concretas nas quais são mergulhados e em seus efeitos didáticos.

Sem dúvida, essa evolução – inacabada e frágil – tem vínculos com a abertura dos estudos longos a novos públicos, o que impõe uma preocupação com aqueles para os quais assistir a uma aula magistral e fazer exercícios não é suficiente para aprender. Há laços estreitos entre a pedagogia diferenciada e a reflexão sobre as situações de aprendizagem (MEIRIEU, 1989; 1990).

Na perspectiva de uma escola mais eficaz para todos, organizar e dirigir situações de aprendizagem deixou de ser uma maneira ao mesmo tempo banal e complicada de designar o que fazem espontaneamente todos os professores. Essa linguagem acentua a vontade de conceber situações didáticas ótimas, inclusive – e principalmente – para os alunos que não aprendem ouvindo lições.

As situações assim concebidas distanciam-se dos exercícios clássicos, que apenas exigem a operacionalização de um procedimento conhecido. Tais exercícios permanecem úteis, mas não são mais o início e o fim do trabalho em aula, como tampouco é a aula magistral, limitada a funções precisas (ETIENNE; LEROUGE, 1997). Organizar e dirigir situações de aprendizagem é manter um espaço justo para tais procedimentos ao mesmo tempo que novos procedimentos são inseridos.

definição

Organizar e dirigir situações de aprendizagem é, sobretudo, despender energia e tempo e dispor das competências profissionais necessárias para imaginar e criar tipos de situações de aprendizagem diferentes das tradicionais. As didáticas contemporâneas encaram essas novas situações de aprendizagem como **situações amplas, abertas, carregadas de sentido e de regulação**, as quais requerem um método de pesquisa, de identificação e de resolução de problemas.

COMPETÊNCIAS ESPECÍFICAS

A competência global de organizar e dirigir situações de aprendizagem mobiliza várias competências mais específicas:

- ► conhecer, para determinada disciplina, os conteúdos a serem ensinados e sua tradução em objetivos de aprendizagem;
- ► trabalhar a partir das representações dos alunos;
- ► trabalhar a partir dos erros e dos obstáculos à aprendizagem;
- ► construir e planejar dispositivos e sequências didáticas; e
- ► envolver os alunos em atividades de pesquisa, em projetos de conhecimento.

Vamos analisar essas competências uma a uma, lembrando-nos de que todas contribuem para a concepção, a organização e a animação de situações de aprendizagem.

CONHECER, PARA DETERMINADA DISCIPLINA, OS CONTEÚDOS A SEREM ENSINADOS E SUA TRADUÇÃO EM OBJETIVOS DE APRENDIZAGEM

Conhecer os conteúdos a serem ensinados é a menor das coisas quando se pretende instruir alguém. Contudo, a verdadeira competência pedagógica não está aí; ela consiste, de um lado, em relacionar os conteúdos a **objetivos** e, de outro, a **situações de aprendizagem**. Isso não parece necessário quando o professor se limita a percorrer, capítulo após capítulo, página após página, o "texto do saber".

importante ▶▶

Certamente, nesta etapa, há **transposição didática** (CHEVALLARD, 1991), na medida em que o saber é organizado em lições sucessivas, conforme um plano e em um ritmo que deem conta, em princípio, do nível médio e das aquisições anteriores dos alunos, com momentos de revisão e de avaliação. Em tal pedagogia, os objetivos são implicitamente definidos pelos conteúdos; trata-se, em suma, de o aluno assimilar o conteúdo e de dar provas dessa assimilação durante uma prova oral, escrita ou um exame.

A preocupação com os objetivos vem à tona durante os anos de 1960, com a **pedagogia de domínio**, tradução aproximada da expressão inglesa *mastery learning*. Bloom (1979), seu criador, defende um ensino orientado por critérios de domínio, regulado por uma avaliação formativa que leve a "remediações". Na mesma época (BLOOM, 1975), propõe a primeira taxonomia dos objetivos pedagógicos, uma classificação completa das aprendizagens visadas na escola. Nos países francófonos, essa abordagem foi frequentemente caricaturada sob o rótulo de **pedagogia por objetivos**.

Hameline (1979) descreveu tanto as virtudes quanto os excessos e os limites do trabalho por objetivos. Huberman (1988), por sua vez, mostrou que o modelo da pedagogia de domínio permanece pertinente, desde que ampliado e integrado a abordagens mais construtivistas.

Hoje em dia, ninguém mais pleiteia um ensino guiado a cada passo por objetivos muito precisos, imediatamente testados com vistas a uma remediação imediata. O ensino certamente persegue objetivos, mas não de maneira mecânica e obsessiva. Eles intervêm em três estágios, a saber:

1. no **planejamento didático**, não para ditar situações de aprendizagem próprias a cada objetivo, mas para identificar os objetivos trabalhados nas situações em questão, a fim de escolhê-los e dirigi-los com conhecimento de causa;

2. na **análise *a posteriori* das situações e das atividades**, quando se trata de delimitar o que se desenvolveu realmente e de modificar a sequência das atividades propostas; e

3. na **avaliação**, quando se trata de controlar os conhecimentos adquiridos pelos alunos.

dica

Traduzir o programa em objetivos de aprendizagem e estes em situações e atividades realizáveis não é uma atividade linear, que permita honrar cada objetivo separadamente. Os saberes e o *savoir-faire* de alto nível são construídos em situações múltiplas, complexas, cada uma delas dizendo respeito a vários objetivos, por vezes em várias disciplinas. Para organizar e dirigir tais situações de aprendizagem, é indispensável que o professor:

- domine os saberes;
- esteja mais de uma lição à frente dos alunos; e
- seja capaz de encontrar o essencial sob múltiplas aparências, em contextos variados.

Boileau dizia que o que se concebe bem se enuncia claramente e que as palavras para dizê-lo afloram com facilidade. Atualmente, estamos bem além desse preceito. Não basta, para fazer com que se aprenda, estruturar o texto do saber e depois "lê-lo" de modo inteligível e vivaz, ainda que isso já requeira talentos didáticos. A competência requerida hoje em dia é o domínio dos conteúdos com suficiente fluência e distância para **construí-los** em situações abertas e tarefas complexas. Isso pode ser alcançado por diferentes vias que se complementam entre si, por exemplo:

▶ aproveitando ocasiões;

▶ partindo dos interesses dos alunos;

▶ explorando os acontecimentos; e

▶ favorecendo a apropriação ativa e a transferência dos saberes, sem passar necessariamente por sua exposição metódica, na ordem prescrita por um sumário.

Essa facilidade na administração das situações e dos conteúdos exige um domínio pessoal não apenas dos saberes, mas também daquilo que Develay (1992) chama de **matriz disciplinar**, ou seja, os conceitos, as questões e os paradigmas que estruturam os saberes no seio de uma disciplina. Sem esse domínio, a unidade dos saberes está perdida, os detalhes são superestimados e a capacidade de reconstruir um planejamento didático a partir dos alunos e dos acontecimentos encontra-se enfraquecida. Por isso, é importante saber identificar **noções-núcleo** (MEIRIEU, 1989, 1990) ou **competências-chave** (PERRENOUD, 1998a) em torno das quais organizar as aprendizagens e em função das quais orientar o trabalho em aula e estabelecer prioridades.

para refletir !!!

Não é razoável pedir a cada professor que faça sozinho, para sua turma, uma leitura dos programas com vistas a extrair núcleos. Entretanto, mesmo que a instituição proponha uma reescrita dos programas nesse sentido, eles correm o risco de permanecer letra morta para os professores que não estiverem prontos para consentir com um importante trabalho de vaivém entre os conteúdos, os objetivos e as situações. É esse preço que pagarão para navegar na cadeia da transposição didática "como peixes na água"!

TRABALHAR A PARTIR DAS REPRESENTAÇÕES DOS ALUNOS

A escola não constrói a partir do zero. O aprendiz não é uma tábula rasa, uma mente vazia; ao contrário, ele sabe "muitas coisas", questiona-se e assimila ou elabora respostas que o satisfazem provisoriamente. Por causa disso, muitas vezes, o ensino choca-se de frente com as **concepções dos aprendizes**.

Nenhum professor experiente ignora este fato: os alunos pensam que sabem uma parte daquilo que se deseja ensinar-lhes. Uma boa pedagogia tradicional usa, às vezes, esses fragmentos de conhecimento como pontos de apoio, mas o professor transmite, pelo menos implicitamente, a seguinte mensagem: "Esqueçam o que vocês sabem, desconfiem do senso comum e do que lhes contaram e escutem-me, pois vou dizer-lhes como as coisas acontecem realmente".

importante >>

A didática das ciências (GIORDAN; DE VECCHI, 1987; DE VECCHI, 1992, 1993; ASTOLFI; DEVELAY, 1996; ASTOLFI et. al. 1997; JOSHUA; DUPIN, 1993) mostrou que não é possível livrar-se tão facilmente das concepções prévias dos aprendizes. Elas fazem parte de um **sistema de representações** que tem sua coerência e suas funções de explicação do mundo e que se reconstitui sub-repticiamente, a despeito das demonstrações irrefutáveis e dos desmentidos formais feitos pelo professor.

Até mesmo ao fim dos estudos científicos universitários, os estudantes retomam ao senso comum quando estão às voltas, fora do contexto da aula ou do laboratório, com um problema de forças, de calor, de reação química, de respiração ou de contágio. Tudo se passa como se o ensino teórico expulsasse, na hora da aula e do exame, uma "naturalidade" prestes a reaparecer a todo vapor nos outros contextos.

O que vale para as ciências manifesta-se em todas as áreas em que a ocasião e a necessidade de compreender não esperaram que o assunto fosse tratado na escola. Trabalhar a partir das representações dos alunos não consiste em fazê-las expressar-se para desvalorizá-las imediatamente. Pelo contrário, é importante:

- dar-lhes regularmente direitos na aula;
- interessar-se por elas;
- tentar compreender suas raízes e sua forma de coerência; e
- não se surpreender se elas surgirem novamente quando se julgava que elas estavam ultrapassadas.

Para isso, deve-se abrir um espaço de discussão e não censurar imediatamente as analogias falaciosas, as explicações animistas ou antropomórficas e os raciocínios espontâneos sob pretexto de que levam a conclusões errôneas.

Bachelard (1996) observa que os professores têm dificuldades para compreender que seus alunos não compreendem, já que perderam a memória do caminho do conhecimento, dos obstáculos, das incertezas, dos atalhos, dos momentos de pânico intelectual ou de vazio. Para o professor, um número, uma subtração, uma fração são saberes adquiridos e banalizados, assim como o imperfeito, a noção de verbo, de concordância ou de subordinada, ou, então, a noção de célula, de tensão elétrica ou de dilatação. Já o professor que trabalha a partir das representações dos alunos tenta:

- ▶ reencontrar a memória do tempo em que ainda não sabia;

- ▶ colocar-se no lugar dos aprendizes;

- ▶ lembrar-se de que, se os aprendizes não compreendem, não é por falta de vontade, mas porque o que é evidente para o especialista parece opaco e arbitrário para os aprendizes.

dica

De nada adianta, por exemplo, explicar cem vezes a técnica de desconto a um aluno que não compreende o princípio da numeração em diferentes bases. Da mesma forma, para aceitar que um aluno não compreende o princípio de Arquimedes, deve-se avaliar sua extrema abstração, a dificuldade de conceituar a resistência da água ou de se desfazer da ideia intuitiva de que um corpo flutua porque faz esforços para não afundar, como um ser vivo.

Para imaginar o conhecimento já construído na mente do aluno e que obstaculiza o ensino, não basta que os professores tenham a memória de suas próprias aprendizagens. Uma cultura mais extensa em **história** e em **filosofia das ciências** poderia ajudá-los, por exemplo, a compreender por que a humanidade levou séculos para abandonar a ideia de que o Sol girava em torno da Terra ou para aceitar que uma mesa seja um sólido essencialmente vazio, considerando-se a estrutura atômica da matéria.

A maior parte dos conhecimentos científicos contraria a intuição. As representações e as concepções que lhes são opostas não são apenas aquelas das crianças, mas das sociedades do passado e de uma parte dos adultos contemporâneos.

É igualmente útil que os professores tenham algumas noções de **psicologia genética**. Enfim, é importante que se confrontem com os limites de seus próprios conhecimentos e que (re)descubram que as noções de número imaginário, de *quanta*, de buraco negro, de supercondutor, de DNA, de inflação ou de metacognição colocam-nos em dificuldades, da mesma forma que seus alunos, diante das noções mais elementares.

Resta trabalhar a partir das concepções dos alunos, dialogar com eles, fazer com que sejam avaliadas para aproximá-las dos conhecimentos científicos a serem ensinados.

A competência do professor é, então, essencialmente **didática**; ajuda-o a fundamentar-se nas representações prévias dos alunos, sem se fechar nelas, a encontrar um ponto de entrada em seu sistema cognitivo, uma maneira de desestabilizá-los apenas o suficiente para levá-los a restabelecer o equilíbrio, incorporando novos elementos às representações existentes e reorganizando-as, se necessário.

TRABALHAR A PARTIR DOS ERROS E DOS OBSTÁCULOS À APRENDIZAGEM

Esta competência segue imediatamente a anterior. Baseia-se no postulado simples de que aprender não é primeiramente memorizar, estocar informações, mas **reestruturar seu sistema de compreensão de mundo**.

para refletir !!!

A reestruturação do sistema de compreensão de mundo não acontece sem um importante trabalho cognitivo. Engajando-se nela, restabelece-se um equilíbrio rompido e domina-se melhor a realidade de maneira simbólica e prática.

Por que a sombra de uma árvore se alonga? Porque o Sol se deslocou, dirão aqueles que, na vida cotidiana, continuam a pensar que o Sol gira em torno da Terra. Porque a Terra seguiu sua rotação, dirão os discípulos de Galileu.

Da interpretação feita pelos discípulos de Galileu ao estabelecimento de uma relação precisa entre a rotação da Terra (ou o movimento aparente do Sol) e o alongamento de uma sombra há apenas um passo, que supõe um modelo geométrico e trigonométrico que a maioria dos adultos teria bastante dificuldade para relembrar ou elaborar rapidamente. Pedir a alunos de 11 ou 12 anos que façam um esquema para representar o fenômeno coloca-os, portanto, diante de obstáculos cognitivos que só poderão superar graças a certas aprendizagens.

importante >>

A pedagogia clássica trabalha a partir dos obstáculos, mas privilegia aqueles que a teoria propõe, aqueles que o aluno encontra em seu livro de matemática ou de física quando, lendo pela terceira ou oitava vez o enunciado de um teorema ou de uma lei, ainda não compreende por que a soma dos ângulos de um triângulo é igual a 180° ou como pode ser possível um corpo cair com aceleração constante.

Um exemplo de problema segundo a pedagogia clássica é o seguinte: solicita-se aos alunos que, na suposta tomada de uma fortaleza, calculem que comprimento deverá ter uma escada que permita transpor um fosso de 6 metros de largura para que se alcance o alto de um muro de 9 metros (Fig. 3.1).

Se os alunos conhecerem o teorema de Pitágoras e forem capazes de ver tanto sua pertinência quanto sua aplicação, farão a soma das raízes quadradas de 6 e de 9, ou seja, 36 + 81 = 117, deduzindo que bastaria uma escada de 11 metros.

Se não conhecerem o teorema de Pitágoras, deverão ou descobri-lo, ou proceder de modo mais pragmático, construindo, por exemplo, uma maquete em escala reduzida.

dica

De acordo com a idade dos alunos e o programa que tem em mente, o professor pode introduzir **imposições**. No exemplo da fortaleza, por exemplo, o professor poderia proibir o procedimento mais empírico, se quisesse levar os alunos a descobrir o teorema, ou, ao contrário, poderia favorecê-lo, se quisesse induzir um trabalho sobre as proporções.

Conforme conhecerem o teorema de Pitágoras, forem capazes de descobri-lo ou estiverem muito longe disso, os alunos não farão as mesmas aprendizagens a partir do exemplo anterior, conforme mostra o Quadro 3.1.

Uma verdadeira situação-problema obriga a **transpor um obstáculo graças a uma aprendizagem inédita**, quer se trate de uma simples transferência, de uma generalização ou da construção de um conhecimento inteiramente novo. O obstáculo torna-se, en-

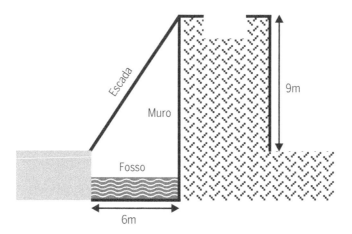

FIGURA 3.1 ▶ Ilustração para o exemplo da fortaleza.

QUADRO 3.1 ▶ NÍVEL DE CONHECIMENTO DOS ALUNOS *VERSUS* FORMA COMO O PROBLEMA SERÁ TRABALHADO

NÍVEL DE CONHECIMENTO	FORMA COMO O PROBLEMA SERÁ TRABALHADO
Os alunos conhecem o teorema	Esses alunos trabalharão "simplesmente" a operacionalização ou a transferência de um conhecimento adquirido, em um contexto no qual sua pertinência não se mostra à primeira vista, já que se deve reconstituir um triângulo retângulo, ou seja, comparar o fosso e o muro aos lados do ângulo direito, a escada à hipotenusa, pensando em Pitágoras.
	Nesse nível, pode-se sugerir aos alunos que considerem o fato de que não se colocará a escada exatamente na beira do fosso e que esta ultrapassará o muro.
Os alunos "chegam perto" do teorema	Esses alunos deverão construir a intuição de que provavelmente existe uma regra que lhes permitirá, se a encontrarem, calcular sem hesitar. Faltará descobri-la e depois formalizá-la, fase na qual o professor, sem dúvida, intervirá propondo outras situações e talvez o próprio teorema, se julgar que tem pouco tempo para fazer com que o descubram ou se achar, com ou sem razão, que seus alunos "jamais conseguirão sozinhos".
Os alunos não têm nenhuma ideia da existência possível de um teorema aplicável	Esses alunos se contentarão em buscar uma solução pragmática por meio de estimativas e simulações. O obstáculo será mais metodológico do que propriamente matemático, se a situação assemelhar-se mais a um problema aberto do que a uma situação-problema.

tão, o objetivo do momento, um **objetivo-obstáculo**, conforme a expressão de Martinand (1986) retomada por Meirieu, Astolfi e muitos outros.

Deparar-se com o obstáculo é, em um primeiro momento, enfrentar o vazio, a ausência de qualquer solução, até mesmo de qualquer pista ou método; o indivíduo é levado à impressão de que jamais conseguirá alcançar soluções. Se ocorre a devolução do problema, ou seja, se os alunos apropriam-se dele, sua mente põe-se em movimento, constrói hipóteses, procede a explorações, propõe tentativas "para ver". Em um trabalho coletivo, inicia-se a discussão; o choque das representações obriga cada um a precisar seu pensamento e a levar em conta o dos outros.

É nesse momento que o erro de raciocínio e de estratégia ameaça. Assim, para demonstrar o teorema de Pitágoras e provar que, em um triângulo retângulo abc, o quadrado da hipotenusa é igual à soma dos quadrados dos lados do ângulo direito, inscreve-se geralmente o triângulo retângulo em um retângulo (Fig. 3.2). Que o leitor tente reconstruir a sequência do raciocínio e medir o número de operações mentais que devem encadear-se

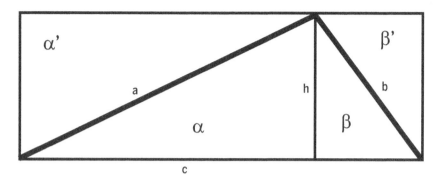

FIGURA 3.2 ▶ Triângulo retângulo inscrito em um retângulo.

corretamente e guardar na memória de trabalho para poder dizer "o que se devia demonstrar"! Daí a multiplicar os erros é uma verdadeira corrida de obstáculos!

Diante de uma tarefa complexa, os obstáculos cognitivos são, em larga medida, constituídos por pistas falsas, erros de raciocínio, estimativa ou cálculo. Entretanto, o erro também ameaça aparecer nos exercícios mais clássicos.

Consideremos o seguinte exemplo: "Eu tinha dinheiro quando saí esta manhã. Durante o dia, gastei primeiramente R$ 70 e, depois, mais R$ 40. Sobraram 120 reais. Quanto eu tinha ao partir?". Muitas crianças calcularão 120 – 70 – 40 e obterão R$ 10, isto é, um resultado numericamente correto, considerando-se as operações feitas, mas que não é a resposta ao problema e que, além disso, é improvável, já que a soma de partida é inferior ao montante de cada despesa feita. Para que se compreenda esse erro, devem-se analisar as dificuldades da subtração e considerar o fato de que, na realidade, precisa-se de uma adição para resolver o problema levantado em termos de gastos, isto é, de subtração (VERGNAUD, 1980).

A didática das disciplinas interessa-se cada vez mais pelos erros e tenta **compreendê-los**, antes de combatê-los. Astolfi (1997) propõe que se considere o erro como uma **ferramenta para ensinar**, um revelador dos mecanismos de pensamento do aprendiz.

dica

Para desenvolver a competência de trabalhar a partir dos erros e obstáculos, o professor deve, evidentemente, ter conhecimentos em didática e em psicologia cognitiva. De início, deve interessar-se pelos erros, aceitando-os como etapas estimáveis do esforço de compreender, esforçar-se, e não corrigi-los ("Não diga, mas diga!"), proporcionando ao aprendiz, porém, os meios para tomar consciência deles, identificar sua origem e transpô-los.

CONSTRUIR E PLANEJAR DISPOSITIVOS E SEQUÊNCIAS DIDÁTICAS

Uma situação de aprendizagem inscreve-se em um **dispositivo** que a torna possível e, às vezes, em uma **sequência didática** na qual cada situação é uma etapa em uma progressão. Sequências e dispositivos didáticos inscrevem-se, por sua vez, em um **contrato pedagógico e didático**, com regras de funcionamento e instituições internas à classe.

As noções de dispositivo e de sequência didática chamam a atenção para o fato de que uma situação de aprendizagem não ocorre ao acaso e é engendrada por um dispositivo que coloca os alunos diante de uma tarefa a ser realizada, um projeto a fazer, um problema a resolver. Não há dispositivo geral; tudo depende de alguns aspectos, como:

- a disciplina;
- os conteúdos específicos;
- o nível dos alunos; e
- as opções do professor.

importante

Um procedimento de projeto leva a certos dispositivos; o trabalho por meio de situações-problema leva a outros; os procedimentos de pesquisa, a outros ainda. Nesses casos, há um certo número de **parâmetros** que devem ser dominados para que as aprendizagens almejadas se realizem.

Para entrar em mais detalhes sobre dispositivos, conviria considerar uma disciplina em particular. Um procedimento de projeto em geografia, uma experiência em ciências, um trabalho sobre situações matemáticas ou uma pedagogia do texto requerem dispositivos variados.

Tomemos como exemplo uma série de experiências em torno do princípio de Arquimedes, detalhadas em uma obra do Grupo Francês de Educação Nova (LASCHKAR; BASSIS, 1985). Lembremos, para aqueles que tiverem esquecido, que o princípio de Arquimedes explica principalmente por que certos corpos flutuam. Cada corpo mergulhado em um líquido é objeto de um empuxo igual ao peso de volume de líquido que ele ocupa. Disso resulta que:

- os corpos cuja densidade (ou peso da unidade de volume) seja **superior** àquela do líquido afundarão;
- aqueles que tiverem densidade **igual** permanecerão em equilíbrio (como um submarino imerso e estabilizado); e
- aqueles cuja densidade seja **inferior** à do líquido subirão à superfície e flutuarão (como barcos).

Com relação ao último ponto, a linha de flutuação delimita a parte imersa. O equilíbrio é alcançado quando o peso de volume do líquido deslocado por essa parte for igual à massa global do corpo que flutua.

Classicamente, pede-se aos alunos que imaginem substituir o corpo que flutua pelo líquido do qual, de certo modo, "tomou o lugar". Os alunos podem, então, entrever que, se esse líquido estivesse fechado em um envelope sem peso nem espessura, ele permaneceria no lugar, o que indica que sofre um empuxo ascendente equilibrando seu peso, que o atrai para o fundo.

Um professor do GFEN, que ensina física em uma turma do fim do ensino fundamental (13-14 anos), formou-se em biologia. Sem dúvida, é por essa razão que não aborda o princípio de Arquimedes de maneira tão abstrata. Ele começa fazendo seus alunos refletirem sobre pares de matérias, sem referência a essa fase em um líquido, por exemplo:

- pão/açúcar;
- madeira/concreto;
- ferro/plástico.

A seguir, o professor pergunta aos alunos qual é a matéria mais pesada. As primeiras respostas brotam sem raciocínio, baseadas na intuição sensível da densidade, sem que o conceito seja construído. Posteriormente, vem a constatação decisiva: não se pode saber, depende de quanto se toma de matéria. Quanto? Os alunos concluirão – após reflexão – que um quilo de penas é tão pesado quanto um quilo de chumbo. A quantidade refere-se, portanto, ao volume.

O professor, partidário do princípio de **autossocioconstrução dos saberes** (BASSIS, 1998; VELLAS, 1996), evita facilitar o trabalho. Ele não propõe volumes de madeira, ferro, plástico ou concreto iguais e com a mesma forma, de maneira que bastaria pesar; ele põe à disposição dos alunos pedaços de volumes, formas e pesos diversos, que não se prestam nem a uma comparação direta por peso, nem a um recorte fácil em volumes iguais. As condições são preenchidas para que emerja, pouco a pouco, o conceito de peso da unidade de volume.

Em uma segunda sequência, o professor propõe que se aborde o mesmo problema de outra forma. Ele divide os alunos em quatro equipes e dá a cada equipe um pedaço de massa de modelar, pedindo aos alunos que meçam tão precisamente quanto possível sua massa e seu volume. Eles têm à sua disposição balanças e tubos de ensaio graduados que podem ser enchidos de água e nos quais podem-se mergulhar os pedaços. Note-se que os conceitos de massa e de volume estão, nessa fase do curso, supostamente construídos e mobilizáveis. O novo desafio é sua correlação, da qual decorrerá o conceito de peso da unidade de volume.

Os alunos pesam os blocos de massa de modelar em uma balança e medem seu volume por imersão, fazendo, depois, uma tabela comparativa (Tab. 3.1).

Os alunos da Equipe 3 dão as indicações: a relação entre massa e volume não é provável. A equipe está certa do peso e quer medir novamente o volume. O professor solicita que calculem esse volume, sem retornar ao tubo de ensaio. A turma mobiliza-se e chega a formulações do gênero: "Quando se divide massa por volume, o resultado é quase sempre o mesmo" e "É preciso multiplicar o volume por uma cifra maior do que 1 e menor do que 2 para encontrar a massa".

Passemos por cima das verificações e tentativas que possibilitam, após vários desvios, estabilizar, nomear e formalizar o conceito de peso da unidade de volume. Saber se uma matéria é mais pesada ou leve que outra pode ser reformulado mais "cientificamente": seu peso da unidade de volume é superior ou inferior? Os alunos compreenderam que não se podia comparar senão os pesos da unidade de volume igual e que essa era uma das funções das unidades de volume, que são volumes fictícios, os quais não se recorta fisicamente.

O professor introduz uma terceira sequência, que chama de "Flutua ou afunda?", dizendo: "Um *iceberg* de 5.000 toneladas flutua, uma bolinha de aço de 10 gramas afunda!". Os alunos respondem-lhe que o aço é mais pesado do que o gelo. O professor espanta-se, já que 10 gramas é uma massa menor do que 5.000 toneladas, ao que os alunos respondem: "Não, não se trata da bolinha, mas do aço. Do peso da unidade de volume..." (LASCHKAR; BASSIS, 1985, p. 60).

A dissociação está feita; na mente dos alunos, o peso da unidade de volume do aço existe independentemente da bolinha, assim como a do gelo existe independentemente do *iceberg*. O caminho até a descoberta do princípio de Arquimedes ainda é longo e semeado de armadilhas, mas a ferramenta conceitual indispensável foi adquirida.

TABELA 3.1 ▶ VALORES DE MASSA E VOLUME DO PEDAÇO DE MASSA DE MODELAR FORNECIDO A CADA EQUIPE

	▶ EQUIPE 1	▶ EQUIPE 2	▶ EQUIPE 3	▶ EQUIPE 4	▶ EQUIPE 5
Massa em gramas	22	42	90	50	150
Volume em mililitros	15	30	150	35	100

importante >>

A partir da experiência descrita, é possível compreender algo essencial, transponível a outros conhecimentos, a outras disciplinas: a construção do conhecimento é uma **trajetória coletiva** que o professor orienta, criando situações e dando auxílio, sem ser o especialista que transmite o saber, nem o guia que propõe a solução para o problema.

Quanto mais se aderir a um procedimento construtivista, mais importante será conceber situações que estimulem o conflito cognitivo entre alunos ou na mente de cada um, por exemplo, entre o que o aluno antecipa e o que observa. Por exemplo, sem comentários, pode-se mergulhar dois pedaços idênticos de gelo, um na água e o outro no álcool. Os efeitos diferentes obrigam os alunos a considerar o peso da unidade de volume do líquido e a construir uma relação entre peso da unidade de volume do sólido imerso e peso de volume do líquido, base do princípio de Arquimedes.

Dispositivos e sequências didáticas buscam, para fazer com que se aprenda, **mobilizar os alunos**, seja para compreenderem, seja para terem êxito – se possível, os dois (PIAGET, 1974). Sua concepção e sua implantação levam ao confronto de um dos dilemas de toda pedagogia ativa (PERRENOUD, 1998b):

▶ ou investir em projetos que envolvam e apaixonem os alunos, sob risco de que professores e alunos tornem-se prisioneiros de uma lógica de produção e de êxito;

▶ ou implantar dispositivos e sequências mais abertamente centralizados em aprendizagens, reencontrando os impasses das pedagogias da lição e do exercício.

Todo dispositivo repousa sobre **hipóteses** relativas à aprendizagem e à relação com o saber, o projeto, a ação, a cooperação, o erro, a incerteza, o êxito e o fracasso, o obstáculo, o tempo. Se construímos dispositivos partindo do princípio de que todos querem aprender e aceitam pagar um preço por isso, marginalizamos os alunos para os quais o acesso ao saber não pode ser tão direto. Procedimentos de projeto podem, ao contrário, tornar-se fins em si mesmos e afastar-se do programa.

para refletir !!!

A competência profissional do professor consiste na busca de um amplo repertório de dispositivos e de sequências em sua adaptação ou construção, bem como na identificação, com tanta perspicácia quanto possível, do que eles mobilizam e ensinam.

ENVOLVER OS ALUNOS EM ATIVIDADES DE PESQUISA, EM PROJETOS DE CONHECIMENTO

Antes de ser uma competência didática precisa, ligada a conteúdos específicos, envolver os alunos em atividades de pesquisa e em projetos de conhecimento passa por uma capacidade fundamental do professor: tornar acessível e desejável **sua própria relação com o saber e com a pesquisa**, encarnando um modelo plausível de aprendiz.

Quando se lê sobre a utilidade das experiências de pensamento para fazer os barcos flutuarem, retêm-se apenas os aspectos epistemológicos e didáticos da sequência descrita. Cada filiação de conceitos, cada sucessão de experiências levanta a questão de seus fundamentos e de suas alternativas. Pode-se igualmente debater o papel do professor, entre intervencionismo ou *laisser-faire*. O mais importante permanece implícito: uma sequência didática só se desenvolve se os alunos aceitarem a parada e tiverem realmente vontade de saber se o concreto é mais pesado do que o ferro ou por que um *iceberg* flutua, enquanto uma minúscula bolinha de aço afunda.

Não se trata mais, em relação a alunos de 13 anos, daquela curiosidade insaciável e daquela vontade espontânea de compreender das crianças de 3 anos, a idade dos porquês. Nessa fase do curso, os adolescentes já aprenderam, durante oito a dez anos, as mazelas do ofício de aluno (PERRENOUD, 1996); não são mais atraídos por um enigma qualquer.

Além disso, a essa altura, os alunos conhecem as mazelas do ofício de professor e reconhecem ao primeiro olhar o tédio do trabalho repetitivo sob a aparência lúdica de uma nova tarefa. Eles refletem suficientemente depressa, esgotando em cinco minutos uma adivinhação de jogos televisivos.

dica

Para que alunos por volta dos 13 anos aprendam, é preciso envolvê-los em uma atividade de uma certa importância e de uma certa duração, garantindo, ao mesmo tempo, uma progressão visível e mudanças de paisagem para todos aqueles que não tem a vontade obsessiva de se debruçar durante dias sobre um problema que resiste.

O trabalho sobre a densidade e o princípio de Arquimedes não é um procedimento de projeto clássico, no sentido de que não há produção social visada. O produto é o saber; o destinatário, o grupo e seus membros. Não se prevê apresentar o princípio de Arquimedes aos pais de alunos sob a forma de uma exposição ao estilo de um museu de ciências e técnicas, com painéis, experiências, apresentações de *slides*. Isso poderia ser uma boa ideia, mas evidenciaria a comunicação de um conhecimento adquirido, oferecendo certamente a ocasião de consolidá-lo e até mesmo fazer uma parte dos alunos acessá-lo *in extremis*.

O professor do GFEN não escolhe essa "cobertura", no sentido usado para um agente secreto. Ele envolve abertamente seus alunos em atividades de pesquisa, em projetos de conhecimento. Ele **envolve**... O indicativo assume aqui todo seu interesse.

Em um esporte coletivo, pode-se envolver a bola, mas ela não se defende. Contudo, ninguém pode envolver-se no lugar dos alunos. O professor só pode dizer: "Envolvam-se, tornem a se envolver". Percebe-se o delicado equilíbrio a ser encontrado entre a estruturação didática do procedimento e a dinâmica da turma.

Uma atividade de pesquisa desenrola-se, geralmente, em vários episódios, porque toma tempo. Na escola, a grade horária e a capacidade de atenção dos alunos obrigam a suspensão do procedimento para sua retomada mais tarde, no dia seguinte, às vezes na semana seguinte. Conforme os momentos e os alunos, tais interrupções podem ser benéficas ou desastrosas:

> ▶ às vezes, elas quebram o direcionamento das pessoas ou do grupo para o saber;

> ▶ em outros momentos, permitem a reflexão, deixando as coisas evoluírem em um canto da mente e retomando-as com novas ideias e uma energia renovada.

importante ▶▶

A dinâmica de uma pesquisa é sempre simultaneamente intelectual, emocional e relacional. Nesse sentido, o papel do professor inclui:

▶ relacionar os momentos fortes;

▶ assegurar a memória coletiva ou confiá-la a certos alunos;

▶ colocar-se à disposição de certos alunos; e

▶ fazer os alunos buscarem ou confeccionarem os materiais requeridos para o experimento.

Durante cada sessão da atividade de pesquisa, o interesse diminui. O desencorajamento atinge certos alunos quando seus esforços não são recompensados ou quando descobrem que um problema pode esconder um outro, de modo que não veem o fim do túnel, o que os leva ao desinteresse pela questão. Assim, o envolvimento inicial pode ser, a cada instante, questionado.

Em um procedimento de projeto, o principal motor para o qual o professor pode apelar é o desafio do êxito de uma tarefa que perde seu sentido se não chegar a um produto. Frequentemente, esse desafio pessoal e coletivo é acompanhado por um contrato moral com terceiros: quando se anuncia um jornal ou um espetáculo, tenta-se honrar essa promessa.

Em uma atividade de pesquisa, falta esse contrato, e, finalmente, parece bastante fácil resignar-se a viver sem conhecer o princípio de Arquimedes, ainda mais sem compreendê-lo. Em uma sociedade desenvolvida, a vida de um adulto depende de um número inacreditável de processos tecnológicos de cuja existência apenas suspeita e que seria incapaz de explicar. Pode-se nadar e navegar sem conhecer nem compreender o princípio de Arquimedes.

Pode-se apostar que a maioria dos seres humanos que faz corpos ou barcos flutuarem ignora esse princípio. Eles utilizam regras mais práticas, que derivam da experiência transmitida de geração em geração ou do conhecimento teórico dos engenheiros.

Um professor não pode, portanto, legitimar uma atividade de pesquisa demonstrando facilmente que o saber visado é de uma importância vital na vida cotidiana dos seres humanos. Aqueles que, devido a uma orientação especializada, tiverem realmente que dominar essas teorias terão a oportunidade de aprendê-las e reaprendê-las amplamente na universidade.

importante >>

Na escola, no ensino fundamental e até mesmo no ensino médio, o utilitarismo não pode justificar a maior parte dos saberes ensinados e exigidos.

Conclui-se, de acordo com o exposto, que um projeto de conhecimento não é fácil de transvestir em projeto de ação ou de colocar em uma perspectiva "prática", salvo negando a divisão do trabalho e o futuro provável dos alunos. Estes veem bem ao seu redor: os adultos não compreendem como funcionam o refrigerador, a televisão e o leitor de CD que fazem parte de sua vida cotidiana. Como fazê-los acreditar que precisarão de conhecimentos científicos em uma sociedade na qual as tecnologias funcionam, quer isso seja motivo de lamento ou de alegria, apesar do desconhecimento de seus fundamentos teóricos pela maioria dos usuários?

Para dirigir abertamente um projeto de conhecimento, deve-se, então, ser capaz de suscitar uma paixão desinteressada pelo saber, pela teoria, sem tentar justificá-la, pelo menos durante a escolaridade de base, por um uso prático que será o apanágio de alguns especialistas.

para refletir !!!

Como tornar o conhecimento apaixonante por si mesmo?

A questão acerca de como transformar o conhecimento em algo apaixonante não é somente de competência, mas de identidade e de projeto pessoal do professor. Infelizmente, nem todos os professores apaixonados dão-se o direito de partilhar sua paixão, tampouco todos os professores curiosos conseguem tornar seu amor pelo conhecimento inteligível e contagioso. A competência aqui visada passa pela arte de comunicar-se, seduzir, encorajar, mobilizar, envolvendo-se como pessoa.

A paixão pessoal não basta se o professor não for capaz de estabelecer uma **cumplicidade** e uma **solidariedade** verossímeis na busca do conhecimento. Ele deve buscá-lo com seus alunos, mesmo que esteja um pouco adiantado, pelas seguintes vias:

- renunciando a defender a imagem do professor "que sabe tudo";
- aceitando mostrar suas próprias divagações e ignorâncias;
- não cedendo à tentação de interpretar a comédia do domínio; e
- não colocando sempre o conhecimento ao lado da razão, da preparação do futuro e do êxito.

Quanto aos professores que se mostram impassíveis diante dos conhecimentos que ensinam, como esperar que suscitem a menor vibração em seus alunos?

CONSIDERAÇÕES FINAIS

Todas as competências aqui evocadas têm um forte componente didático. A última abordada, mais do que as outras, lembra-nos de que a didática tropeça incessantemente na questão do **sentido** e da **subjetividade** do professor e do aprendiz e, portanto, também nas **relações intersubjetivas** que se constituem acerca do saber, mas não se desenvolvem somente no registro cognitivo.

para refletir !!!

Acredita-se que a capacidade de organizar e animar situações-problema e outras situações fecundas de aprendizagem suponha competências bastante semelhantes àquelas exigidas por um procedimento de pesquisa de maior fôlego. Todavia, enquanto uma situação-problema se organiza em torno de um obstáculo e desaparece quando ele é ultrapassado, um procedimento de pesquisa parece mais ambicioso, pois leva os alunos a construir, eles próprios, a teoria.

O procedimento em torno do peso de volume e do princípio de Arquimedes pode ser interpretado como uma sequência de situações-problema: cada uma delas permite o enfrentamento de um novo obstáculo, que deve ser transposto para que a trajetória continue. A diferença é que, na mente do professor – e, às vezes, na dos alunos –, encontra-se em um **programa de trabalho de médio prazo.**

De modo ideal, seria, sem dúvida, dessa maneira que se deveria levar os alunos a construir todos os conhecimentos científicos, em biologia, química, geologia, física, economia ou geografia. Infelizmente, os procedimentos de pesquisa tomam tempo, de modo que as progressões didáticas organizam-se, muitas vezes, mais em função das **noções previstas no programa** do que de uma **lógica de pesquisa** mais caprichosa e ávida de tempo. As situações-problema representam uma forma de acordo entre essas duas lógicas.

para saber +

PERRENOUD, P. *Dez novas competências para ensinar.* Porto Alegre: Artmed, 2000.

REFERÊNCIAS

ASTOLFI, J.-P. *L'erreur, un outil pour enseigner.* Paris: ESF éditeur, 1997.

ASTOLFI, J.-P.; DEVELAY, M. *La didactique des sciences.* Paris: PUF, 1996.

ASTOLFI, J.-P. et al. *Motsclés de la didactique des sciences:* repères, définitions, bibliographies. Bruxelas: De Boeck, 1997.

BACHELARD, G. *La formation de l'esprit scientifique.* Paris: Vrin, 1996.

BLOOM, B.S. *Taxonomie des objectifs pédagogiques.* Quebec: Les Presses de l'Université, 1975.

BLOOM, B. S. *Caractéristiques individuelles et apprentissages scolaires.* Bruxelas: Labor, Paris, 1979.

BOURDIEU, P. L'école conservatrice: l'inégalité sociale devant l'école et devant la culture. *Revue Française de Sociologie*, n. 3, p. 325-347, 1966.

CHEVALLARD, Y. *La transposition didactique:* du savoir savant au savoir enseigné. 2. ed. Grenoble: La Pensée Sauvage, 1991.

DE VECCHI, G. *Aider les élèves à apprendre*. Paris: Hachette, 1992.

DE VECCHI, G. Des représentations, oui, mais pour en faire quoi? *Cahiers Pédagogiques*, n. 312, p. 55-57, 1993.

DEVELAY, M. *De l'apprentissage à l'enseignement*. Paris:, ESP éditeur, 1992.

ÉTIENNE, R.; LEROUGE, A. *Enseigner en collège et en lycée*: repères pour un nou veau métier. Paris: A. Colin, 1997.

GIORDAN, A.; DE VECCHI, G. *Les origines du savoir:* des conceptions des apprenants aux concepts scientifiques Neuchâtel. Paris: Delachaux et Niestlé, 1987.

HAMELINE, D. *Les objectifs pédagogiques en formation initiale et continue*. Paris: ESF, 1979.

HUBERMAN, M. (Org.). *Maîtriser les processus d'apprentissage*: fondements et perspectives de la pédagogie de maîtrise. Paris: Delachaux et Niestlé, 1988.

JOSHUA, S.; DUPIN, J.-J. *Introduction à la didactique des sciences et des mathématiques*. Paris: PUF, 1993.

LASCHKAR, S.; BASSIS, H. (Org.). *Reconstruire ses saviors*: chercher, agir, inventer. [S. I.]: Messidor et Éditions Socials, 1985.

MARTINAND, J.-L. *Connaître et transformer la matière*. Berna: Lang, 1986.

MEIRIEU, P. *Apprendre... oui mais comment?* 4. ed. Paris: ESF, 1989.

MEIRIEU P. *Enseigner, scénario pour un métier nouveau*. Paris: ESF, 1990.

PERRENOUD, P. *Métier d'élève et sens du travail scolaire*. 3. ed. Paris: ESF, 1996.

PERRENOUD, P. *Construire des compétences dès l'école*. 2. ed. Paris: ESF, 1998a.

PERRENOUD, P. *Réussir ou comprendre?* Les dilemmes classiques d'unedémarche de projet. Geneva: Université de Genève, Faculté de Psychologie et des Sciences de l' Education, 1998b.

PIAGET, J. *Réussir et comprendre*. Paris: PUP, 1974.

SAINT-ONGE, M. *Moi j'enseigne, mais eux, apprennent-ils?* 3. ed. Lyon: Chronique sociale et Laval (Quebec), 1996.

VELLAS, E. Donner du sens aux savoirs à l'école: pas si simple! In: GROUPE FRANÇAIS D'ÉDUCATION NOUVELLE. *Construire ses savoirs, construire sa citoyenneté*: de l'école à la cité Lyon: Chronique Sociale, 1996.

VERGNAUD, G. *L'enfant, la mathématique et la réalité*. Berna: Lang, 1980.

4

Trabalho de equipe e projeto curricular de escola

EULÀLIA BASSEDAS, TERESA HUGUET E ISABEL SOLÉ

habilidades e competências

>> Organizar uma equipe para o trabalho em conjunto em atividades e propostas educativas.
>> Estabelecer relações pessoais benéficas com os outros integrantes da equipe, visando a um trabalho em conjunto eficaz e construtivo.
>> Conduzir reuniões de equipe.
>> Elaborar um projeto curricular de escola (PCE).
>> Selecionar uma metodologia adequada para um PCE, considerando os objetivos propostos e a observação do comportamento dos alunos.
>> Revisar e avaliar um projeto curricular de escola.

neste capítulo você estudará:

>> As finalidades do trabalho de equipe na educação infantil.
>> Quando e como trabalhar em equipe na educação infantil.
>> Aspectos importantes para o trabalho em equipe na educação infantil: relações pessoais, clima institucional e reuniões de equipe.
>> Os objetivos do projeto curricular de escola (PCE) na educação infantil.
>> Estratégias de elaboração do PCE na educação infantil.
>> A revisão e a avaliação do PCE na educação infantil.
>> Os componentes do PCE na educação infantil: o que se pretende, quando se pretende, como se faz e como revisar e avaliar a prática.

INTRODUÇÃO

importante »

O trabalho em equipe é uma prioridade que deve ser observada e estimulada a cada dia quando uma escola quer se sentir minimamente satisfeita com sua tarefa educativa. A etapa da educação infantil pode ser, em termos gerais, a que mais tem cuidado e incentivado esse trabalho, o que resultou na riqueza de experiência e inovação obtida.

No decorrer deste capítulo, abordaremos algumas ideias e alguns critérios para colaborar com o saber fazer coletivo:

1. primeiramente, analisaremos as características e as questões que nos parecem mais importantes considerar quando uma equipe se propõe a realizar um bom trabalho conjunto na educação infantil;
2. a seguir, apresentaremos alguns aspectos-chave relacionados;
3. finalmente, analisaremos os diferentes componentes que um projeto curricular de escola (PCE) nessa etapa deve ter, abordando algumas estratégias e alguns aspectos concretos.

TRABALHO DE EQUIPE

PARA QUÊ?

para refletir !!!

Devemos fazer um trabalho de equipe? Para quê? É preciso um trabalho de equipe em uma escola de educação infantil?

Evidentemente, as perguntas referentes à necessidade e à utilidade do trabalho em equipe na educação infantil têm respostas claras e compartilhadas pela maioria dos profissionais dessa etapa. Os educadores e as educadoras têm claro que é preciso fazer um trabalho de equipe para poder oferecer um projeto educativo coerente e que possibilite o desenvolvimento e a aprendizagem em uma certa direção e com uma certa continuidade. O que, às vezes, não está claro é **como** se deve fazer, **de que maneira** e **em que momentos**. Todas essas questões serão tratadas ao longo deste capítulo.

Quando se trabalha em instituições educativas, é indispensável realizar um trabalho em equipe com todos os profissionais responsáveis pela tarefa educativa. A educação não pode ser uma tarefa isolada entre os diferentes professores. Todos que trabalham na escola ou colaboram na realização de uma tarefa educativa e em busca de uma melhoria de qualidade devem atuar da maneira mais coerente e coordenada possível se não quiserem que as suas atuações sejam parciais, incoerentes ou até contraditórias.

É necessário, pois, uma **coerência** nas diversas intervenções educativas realizadas no mesmo momento, como também uma **continuidade** no tempo para garantir a construção progressiva a partir do que se tem feito. Isso nos leva a considerar a importância de partir de um projeto global da escola e de todos que nela trabalham para que demarquem e estimulem suas atuações e suas intervenções.

importante >>

O trabalho de equipe deve garantir a oferta educativa da escola, sua qualidade e a coerência interna de suas propostas educativas. Além disso, deve ter a função de estimular e incentivar a iniciativa e a contribuição de todos os professores e professoras para que possam enriquecer e aprender em conjunto.

Assim como sabemos que as crianças aprendem e avançam graças à interação com as outras crianças e com os adultos, também pensamos que os adultos, os diferentes profissionais, aprendem graças à interação com os seus companheiros e companheiras e com os outros adultos que lhes apresentem algum conhecimento e pontos de vista que os ajudem a avançar. Dessa maneira, no trabalho conjunto de discussão e de revisão do que fazemos na escola, construímos um **espaço de autoformação e de aprendizagem**, o qual deveremos aprender a rentabilizar e a cuidar.

EM QUE MOMENTOS PODEMOS TRABALHAR DESSA FORMA NA ESCOLA INFANTIL E O QUE PODEMOS FAZER?

No trabalho de equipe, assim como na intervenção educativa, existem três fases que podemos propor:

1. o planejamento conjunto;
2. as atividades compartilhadas e a atuação;
3. a análise e a revisão da prática.

▶ O planejamento conjunto

Esta fase se refere às atividades dirigidas para preparar e planejar conjuntamente as atividades. As tarefas mais habituais ou globais devem ser aquelas que coligam o projeto da escola, dando-lhe consenso.

Tal planejamento se trata de um documento muito rico para um trabalho em conjunto. Quando se fala sobre o que será feito, devem-se considerar os **diferentes pontos de vista** para chegar a acordos e tomar decisões. Cada um apresenta, por exemplo:

- ▶ seus conhecimentos e sua experiência naquelas atividades em que as crianças comprovadamente participaram com gosto e aprenderam;
- ▶ aquilo que é interessante, mas é preciso modificar;
- ▶ aquilo que alguém leu ou que outros companheiros e professores contaram.

Enfim, este é um momento de planejamento que se torna muito mais rico e atrativo se puder ser feito conjuntamente e em interação.

dica

Esta fase pode ser aplicada a várias situações, por exemplo:

- ▶ ao planejamento de uma festa de escola na qual participem todos os grupos;
- ▶ à preparação de uma unidade de programação (p. ex., jogo/brinquedo no cantinho da "loja"), o que se vai concretizando depois nas diferentes idades;
- ▶ à elaboração do PCE, quando os objetivos gerais da escola estão sendo discutidos e decide-se o que se pretende que as crianças aprendam.

▶ As atividades compartilhadas e a atuação

Esta fase diz respeito aos momentos da realização e de colocar em cena as atividades que são feitas conjuntamente com as outras turmas da etapa e que foram planejadas de uma maneira mais ou menos explícita e sistemática. São todos os momentos e as diversas atividades que não se realizam dentro da sala de aula e em separado, mas são desenvolvidas juntamente com os outros grupos de crianças e com os outros educadores e as outras educadoras da escola.

dica

As atividades compartilhadas podem ser executadas em diversas situações, por exemplo:

- um passeio de toda a creche;
- uma festa com a participação dos pais;
- as colônias de lazer com as crianças da pré-escola;
- o período de chegada de manhã, quando os pais e as mães apresentam-se na escola e acompanham as crianças às suas respectivas salas de aula;
- o período de jogo/brinquedo no pátio, quando todos os grupos compartilham o mesmo espaço.

Evidentemente, é nos momentos de atividades compartilhadas que se torna mais evidente e necessário o planejamento conjunto de que falávamos antes, se quisermos que não haja dificuldades, disfunções ou conflitos pelas maneiras, normas ou determinações muito diferentes ou até contraditórias. São muitos momentos que podem ser vividos com alegria e tranquilidade por parte de todos (crianças, professores, mães e pais) e que contribuem para que se crie um **sentimento de pertinência a um grupo** entre os educadores e as crianças e para desfrutar de uma convivência estimulante.

À medida que a escola possa criar um sentimento de grupo com algumas finalidades comuns, acordadas e decididas entre os seus membros, esses momentos e essas atividades são vividos com a ilusão necessária para poder entusiasmar os pequenos e todos poderem desfrutá-los coletivamente. É importante que se cuide das crianças na escola, de maneira que passem bem e que aprendam, mas também é necessário cuidar em equipe: cuidar-se como uma equipe para sentir-se melhor e mais à vontade na tarefa que se realiza conjuntamente.

▶ A análise e a revisão da prática

Esta fase ocorre após a realização de determinadas atividades no trabalho em equipe. Trata-se de um momento para:

- avaliar;
- revisar o que foi feito; e
- fazer propostas de alterações e mudanças ou de melhoras oportunas.

Toda a atuação deve ter um pequeno espaço de valorização e de reflexão, no qual sejam apresentadas sugestões ou ideias novas para avançar e melhorar.

dica

A análise e a revisão da prática compartilhada são realizadas em várias situações, por exemplo:

- quando se elabora ou se planeja o PCE;
- quando se coloca em comum a metodologia usada na escola;
- quando são valorizadas e analisadas experiências que foram ou que serão feitas;
- quando se analisa os conteúdos trabalhados na escola para decidir quais são os mais interessantes e prioritários;
- quando se coloca em comum os métodos e os instrumentos que se utilizam para avaliar.

A análise é especialmente rica se puder ser realizada **imediatamente** após ter sido feita a atividade, e também quando, eventualmente, foram previstos e utilizados **instrumentos de coleta de informações e de observação** (anotações, registros, vídeos, pautas, produções, etc.), os quais facilitam que tais colocações em comum e que a revisão do que ocorreu na aula possam ser mais objetivas e compartilhadas por todos.

É importante não esquecer que realizar esse tipo de trabalho – análise e revisão da prática – não é nada fácil e requer algumas condições prévias que devem ser valorizadas e obtidas da equipe. Expor o que se faz e aceitar que os companheiros possam questionar ou criticar somente pode ser feito em um ambiente de aceitação e de construção conjunta.

É necessário um certo nível de **autocrítica** e a capacidade de destacar os **aspectos positivos**, como também de identificar os **aspectos que devam ser melhorados**. Também é preciso que haja um **bom ambiente de trabalho** e **um grande respeito** por todas as colocações dos diferentes participantes. Se não existirem essas condições mínimas, esse trabalho não será fácil; ele deverá ser estimulado previamente, estabelecendo-se algumas bases possíveis de relacionamento.

Na hora de incentivar esse trabalho, é importante o papel de uma pessoa que seja a **moderadora** ou a **coordenadora**. Ela deverá possibilitar a participação de todos e de maneira que sejam destacados os aspectos positivos; também é preciso que ela colabore ativamente na criação de um ambiente crítico, construtivo, curioso e respeitoso.

TRABALHO DE EQUIPE E RELAÇÕES PESSOAIS

A seguir, analisaremos alguns fatores relacionais e atitudinais que exercem uma grande incidência no trabalho de equipe.

para refletir !!!

A influência das relações, dos afetos e das emoções no trabalho de equipe é indiscutível, e é preciso que aprendamos a considerá-las e a valorizá-las.

Para realizar um trabalho de equipe eficaz e construtivo, é preciso desfrutar de um **clima relacional e afetivo positivo**, que favoreça e faça emergir as atitudes positivas ante as mais negativas. É difícil, para não dizer impossível, construir e decidir conjuntamente quando não há certas atitudes na escola que o facilitem. Assim como se deve educar e estimular determinadas atitudes com as crianças, também em relação aos educadores deve ser proposta a aquisição de algumas atitudes básicas e fundamentais.

"A equipe depende de você". Essa frase explica, de uma maneira muito clara, a responsabilidade que todas as pessoas têm no funcionamento da própria equipe. Desse ponto de vista, portanto, não é válido se queixar da equipe em que se trabalha. Não é válido dizer frases como:

- "É que, na minha equipe, não podemos trabalhar";
- "Existe um ambiente desagradável";
- "Não há maneira de entrarmos em acordo";
- "Não fizemos reuniões porque não servem para nada".

Mesmo que seja certo que, às vezes, haja dinâmicas bastante complexas que dificultam o trabalho de equipe, precisamos tentar pensar no que podemos fazer para modificá-las, tendo claro que também somos parte da equipe e assumindo parte da responsabilidade quanto a seu modo de ser ou proceder e seu funcionamento. Somente assim adotaremos uma **postura construtiva** e poderemos colaborar e melhorar a sua dinâmica e o seu funcionamento.

importante >>

No momento em que as coisas não estão bem na equipe, acreditamos ser verdadeiro que ela dependa de nós. Nossa atitude não pode ser somente de queixa e de lamentação, mas de se colocar a trabalhar para que as coisas funcionem um pouco melhor ("as pequenas mudanças são poderosas").

Construir, destacar os aspectos positivos, modificar o que está em disfunção... Isso implica destacar e estimular mais os fatores de construção conjunta do que os elementos destrutivos ou negativos que existem no seio de toda a equipe. Assim, é necessário que possamos:

- ▶ resolver os conflitos que surjam;
- ▶ reparar o que estivermos fazendo mal;
- ▶ pedir desculpas se o nosso comportamento estiver sendo pouco profissional ou pouco curioso;
- ▶ apresentar aspectos positivos que sirvam para fazer avançar e para valorizar a equipe em que estivermos.

Enfim, isso significa cuidar da equipe e do trabalho conjunto; cuidar-se e cuidar dos companheiros e das companheiras para que todos se sintam bem e à vontade na tarefa de cada dia, considerando que não é necessário ser amigo de todos para poder trabalhar em equipe. É importante, porém, lembrar da necessidade do **respeito**, da **aceitação** e da **criação de um ambiente positivo e eficaz** no trabalho, o qual possibilita a abordagem conjunta das tarefas.

atenção

Precisamos aprender a separar as relações pessoais de amizade e afeto das relações profissionais no momento de trabalhar. Isso não é fácil de conseguir, e, quando não conseguimos, frequentemente podemos cair em diferentes engodos.

Os desacordos são esperáveis no trabalho compartilhado, portanto, é preciso valorizar a **discrepância** e as **diferentes visões** como um enriquecimento do trabalho na escola. Se for adotada essa perspectiva, elas não perturbarão excessivamente a tomada de decisões consensuais, necessária para o funcionamento do grupo.

Nesse sentido, podemos destacar que é importante aceitar e cumprir as decisões que sejam tomadas majoritariamente, mesmo que não estejamos totalmente de acordo; é preciso aprender a ceder um pouco e a escutar os outros membros do grupo. Todas essas são habilidades e destrezas que precisamos aprender (conteúdos procedimentais e atitudinais também para nós, educadores!) a colocar em ação e a utilizar, se quisermos avançar.

De qualquer forma, isso não é tudo. Existem fatos, relações e emoções que, em determinado momento, podem boicotar ou bloquear a equipe, por melhor preparada que esteja ou por mais experiente que seja. Em toda a equipe, existem situações em que se produzem conflitos ou dificuldades que, se não considerarmos e não enfrentarmos adequadamente, podem criar conflitos maiores ou levar a vias sem saída. Nesses momentos, deve-se aceitar a **evidência do conflito**. É preciso aprender a explicá-lo, comentá-lo e resolvê-lo para poder-se continuar funcionando como um grupo.

importante >>

Em todos os grupos e sistemas humanos, há conflitos; é necessário aceitar a necessidade de sua existência. Se, em um grupo, nunca há conflitos, não existem visões diferentes e não há interesses contrapostos; certamente o que ocorre é que há muito o que fazer para aceitar os problemas como parte da própria vida e como uma possibilidade para avançar ou reestruturar posições.

Segundo o informe da Organização para a Cooperação e Desenvolvimento Econômico (ORGANIZACIÓN PARA LA COOPERACIÓN Y EL DESAROLLO ECONÓMICO, 1991), o fato de a equipe e a escola serem capazes de aceitar que têm problemas e dispõem de estratégias para resolvê-los é um fator decisivo na melhoria da qualidade do fato educativo e do trabalho em equipe. No momento de explicitação e tentativa de resolução dos conflitos, é necessário evitar o engano em que frequentemente se cai ao buscar a culpa e os culpados; em troca, é preciso despender esforços para tentar resolver o conflito que se gerou e avançar em uma proposta de reorganização.

Ao mesmo tempo em que favorecemos e estimulamos determinadas **atitudes**, também precisamos desenvolver determinados **procedimentos** (habilidades, destrezas, técnicas) que as tornem mais fáceis e eficazes. Nesse sentido, podemos afirmar que o fato de dispor de uma **metodologia de trabalho clara e funcional** facilita que as reuniões de equipe sejam mais fluidas e organizadas. Alguns fatores indispensáveis para obter-se uma boa dinâmica na equipe são os seguintes:

- ▶ que o papel do coordenador ou moderador seja claro e esteja consensual;
- ▶ que o processo das reuniões tenha sido combinado;
- ▶ que existam canais que permitam participar na elaboração da pauta (ordem do dia) das reuniões;
- ▶ que os acordos sejam acolhidos e explicitados;
- ▶ que os compromissos assumidos nas reuniões sejam respeitados.

Se esses e outros mecanismos de trabalho de equipe forem assumidos e fizerem parte do funcionamento da escola, será mais fácil ir estruturando um trabalho de equipe funcional e construtivo.

TRABALHO DE EQUIPE E CLIMA INSTITUCIONAL DA ESCOLA

Além das atitudes pessoais que citamos antes, nas escolas vai-se criando um ambiente próprio e determinado, bem como um clima institucional em que intervêm:

- outras **pessoas** (alunos, pais, etc.); e
- outros **elementos** que configuram o ambiente escolar (contexto socioeconômico, bairro, administração, associações, etc.).

importante »

O clima institucional é difícil de planejar e de controlar. Frequentemente, podemos constatá-lo sem chegar a poder incidir sobre ele ou modificá-lo. Os fatores que chegam a determiná-lo são difíceis de esclarecer e decorrem de uma complexa rede de **relações**, **circunstâncias** e **atitudes pessoais** que, de acordo com o momento, coincidem e provocam determinados e duradouros efeitos na instituição.

Nos últimos anos, foram feitos diversos estudos e pesquisas que tentaram esclarecer os motivos ou as causas do ambiente e do clima profissional da escola, visando analisá-los e incidir de alguma maneira sobre eles. Em alguns desses fatores, a **administração** tem uma importante responsabilidade, mas também existem outros nos quais a responsabilidade é mais **educativa**.

Dentre esses estudos, destacaremos o informe internacional da OCDE, no qual se descrevem as diversas características que são constatadas – em um grau mais ou menos elevado – nas escolas que têm um clima positivo e que realizam uma prática educativa coerente e eficaz (ORGANIZACIÓN PARA LA COOPERACIÓN Y EL DESAROLLO ECONÓMICO, 1991). As características que se destacam e que coincidem com os outros estudos são apresentadas no Quadro 4.1.

Em outros trabalhos (DEL CARMEN, 1990; MCLAUGHLIN, 1988), destacam-se fatores semelhantes aos que já comentamos anteriormente, mas que é interessante voltar a recordar.

- **Ser capaz de explicar e resolver os problemas que surgem** – Como já dito, em todo grupo humano há conflitos. O mais conveniente não é que não existam; quando aparecem, eles devem ser reconhecidos e deve ser possível

QUADRO 4.1 ▸ CARACTERÍSTICAS IDENTIFICADAS PELO INFORME DA OCDE EM ESCOLAS COM CLIMA POSITIVO E PRÁTICA EDUCATIVA EFICAZ

CARACTERÍSTICA	OBSERVAÇÕES
Ter um compromisso coletivo com algumas normas e algumas finalidades claras e definidas para todos.	Isso significa que os diferentes membros da escola aceitam e assumem as normas e as finalidades e que é preciso que essas normas e finalidades estejam claramente definidas e explicadas.
Planejar em colaboração, com coparticipação na tomada de decisões e nos trabalhos colegiados, em um sinal de experimentação e avaliação.	A responsabilidade compartilhada na definição das normas e das finalidades e na manutenção do interesse pelo bem-estar e pela aprendizagem de todos os alunos exige uma boa relação entre os profissionais, uma participação na tomada de decisões e uma gestão colegiada. Para cumprir tais condições, é necessário dispor de uma certa autonomia e de uma certa liberdade para: ▸ realizar seu projeto; ▸ escolher as metodologias adequadas; e ▸ dispor de recursos para conseguir os melhores resultados possíveis.
Ter uma direção positiva na iniciativa e na manutenção da melhoria.	Trata-se da necessidade de que se estabeleçam responsabilidades claras – uma pessoa ou uma equipe –, a fim de: ▸ proporcionar uma direção ágil e eficaz; ▸ facilitar a organização e o funcionamento da escola; e ▸ acompanhar e controlar a aplicação de projetos, planos ou inovações que forem acordados de maneira colegiada.
Dispor de uma certa estabilidade de pessoal.	É necessário conseguir uma certa estabilidade dos profissionais para obter um clima de segurança, ordem e continuidade. A estabilidade do pessoal deve ser equiparada à necessidade de ter professores que possam adaptar-se ao clima particular de cada escola.
Dispor de uma estratégia na continuidade do desenvolvimento do pessoal, relacionada com as necessidades pedagógicas e de organização de cada escola.	É conveniente que todos os profissionais tenham regularmente a oportunidade de formar-se, tanto em nível interno da escola como por meio de programas externos de formação.

(continua)

QUADRO 4.1 ▶ CARACTERÍSTICAS IDENTIFICADAS PELO INFORME DA OCDE EM ESCOLAS COM CLIMA POSITIVO E PRÁTICA EDUCATIVA EFICAZ (continuação)

CARACTERÍSTICA	OBSERVAÇÕES
Elaborar um currículo planejado e coordenado de maneira cuidadosa para assegurar um espaço suficiente para cada escolar adquirir o conhecimento e as destrezas essenciais.	Se isso não for garantido, torna-se difícil que a escola alcance suas finalidades e se sinta satisfeita, individual ou coletivamente, com sua tarefa educativa.
Desfrutar de um elevado nível de envolvimento e apoio das mães e dos pais.	A escola que tem as mães e os pais a seu lado e que sabe solicitar e aceitar sua colaboração, tanto em nível institucional como em nível mais individual, dispõe de um suporte ativo que proporciona ajudas materiais e humanas de grande valor para os profissionais da escola.
Pesquisar e reconhecer os valores próprios da escola, além dos individuais.	Se as professoras e os educadores compartilham os valores e a identidade da escola, cria-se um sentimento de comunidade, no qual cada um participa dos propósitos coletivos e identifica-se como um grupo do qual faz parte.
Utilizar ao máximo o tempo de aprendizagem.	Tem-se comprovado que é um importante fator de qualidade o fato de utilizar-se e de aproveitar ao máximo o tempo de que se dispõe.
Aproveitar um suporte ativo e substancial de autoridade educativa responsável.	A escola deve ter confiança no suporte de sua autoridade educativa, não somente em termos de administração econômica mas também na direção e nas orientações necessárias. Essa confiança somente é possível se esse suporte realmente existe e se é aproveitado.

conversar e tentar solucioná-los. Um sistema caracteriza-se como sadio não porque não tenha dificuldades, mas por sua capacidade de reconhecê-las em tempo e tentar resolvê-las e superá-las.

▶ **Promover e aceitar as iniciativas dos diferentes membros** – Isso implica estimular uma organização com encargos diferentes e claros, na qual se facilite a responsabilidade de todos, mesmo que esteja dividida em questões e tarefas diferentes; é incentivar que todos se expressem e participem, em um ambiente de aceitação e de potencialização das diferentes individualidades; é saber valorizar e destacar os aspectos positivos de cada um, aproveitando-os para que haja um funcionamento mais eficaz, valorizando-se a iniciativa e a criatividade.

para refletir !!!

Como se pode incentivar as características das escolas com clima positivo e boa prática educativa? Como se pode estimular e criar um ambiente e um clima que favoreçam um bom trabalho de equipe?

Evidentemente, há uma série de condições básicas prioritárias para a criação de um ambiente e de um clima positivos, entre elas:

- dispor de boas condições de trabalho e de infraestrutura, para ter acesso a recursos básicos e adequados;
- ter apoio e confiança por parte da autoridade responsável; e
- desfrutar de uma gestão eficaz e funcional.

À margem dessas questões básicas, a resposta também não é fácil, mas as pessoas com responsabilidade na escola (coordenadora, diretora, chefe de estudos, equipe diretiva, etc.) têm um papel importante sempre que contam com uma boa aceitação e com o respeito por parte do restante da equipe. Como dissemos antes, isso não exclui, porém, que todos tenham sua grande parte de responsabilidade ("a equipe depende de você!"), que tudo seja desenvolvido a partir de sua atitude e de sua atuação.

para saber +

Para fazer uma análise da própria equipe e da escola, pode ser útil consultar um documento elaborado por Darder et al. (1994).

AS REUNIÕES DE EQUIPE: ALGUMAS ESTRATÉGIAS

As reuniões nas escolas realizam-se, muito frequentemente, na metade ou no fim da jornada escolar. Nessas etapas, em que as atividades da educadora são constantes, geralmente é difícil concentrar-se nos temas de planejamento ou de reflexão; muitas vezes, a professora está mesmo é pensando em um problema que surgiu no momento ou em como organizar a tarde depois de uma manhã conflituosa. Esses fatores circunstanciais e imediatos dificultam a realização de reuniões ágeis e funcionais.

Para que as reuniões funcionem, é preciso que consideremos e pensemos que não é suficiente realizá-las (mesmo que isso seja indispensável); é necessário prever e dispor de um **funcionamento ágil, já estabelecido**, que não favoreça as divagações e as discussões pouco construtivas. O papel da pessoa moderadora ou coordenadora é muito importante para alcançar esse objetivo, uma vez que ela é responsável por:

- conduzir a reunião;
- estimular que todos participem; e
- favorecer um clima positivo e funcional.

O Quadro 4.2 destaca alguns pontos para agilizar e melhorar as reuniões de trabalho.

QUADRO 4.2 ▶ ORIENTAÇÕES PARA AS REUNIÕES DE EQUIPE

TÓPICO	ORIENTAÇÕES
Pessoa responsável	Alguém (coordenadora, diretora, moderador, etc.) deve ser o principal responsável por conduzir a reunião.
Pauta (ordem do dia)	A pauta (ordem do dia) precisa ser explicitada antes da reunião ou no início desta. Todos devem ter a possibilidade de apresentar pontos que considerem necessários discutir, conforme os canais estabelecidos. No início da reunião, explicam-se todos os pontos que serão tratados e que serão modificados, se a equipe considerar necessário. É preciso tentar respeitar essa ordem e tratar os temas que foram previstos. Na hora de explicitar e de estabelecer a pauta (ordem do dia), deve ficar claro para todos as finalidades da reunião ou o que será tratado em relação a cada tema: - É uma questão somente de informação? - Será necessário tomar decisões rápidas? - Trata-se de resolver determinado conflito que surgiu em uma turma? - Será necessário referir um tema determinado para fazer um documento? - Trata-se somente de apresentar o tema para fazer propostas e ir pensando no assunto?
Tempo de duração	Deve estar previsto e ser consensual o tempo que durará a reunião, para que todos estejam sabendo e o respeitem. Devem-se respeitar os horários, tanto de início como de término.

TÓPICO	ORIENTAÇÕES
Local	A reunião deve ser feita em um local adequado e neutro (é melhor que seja em uma sala de reuniões, e não na sala de uma determinada professora nem onde haja barulho e interrupção de outras pessoas). Todos devem dispor e trazer os materiais e os instrumentos necessários (dossiês, atas de reuniões anteriores, documentos a serem discutidos, etc.).
Material	A pessoa responsável por conduzir a reunião deve distribuir o material necessário sobre o que será desenvolvido na reunião ou que será utilizado, procurando dividir fisicamente os referentes e os materiais utilizados ou a serem discutidos (fotocópias para cada profissional, livros ao alcance, atas anteriores, etc.). Isso permite construir paralelamente um material comum de consulta que pode estar na própria sala de reuniões ao alcance de todos, o que facilita compartilhar os referentes e as ideias que baseiam e orientam a prática.
Participação dos membros	A pessoa responsável deve procurar que todos participem nas discussões e proporcionar um clima de aceitação e respeito pela diversidade de opiniões ou tendências. Não é conveniente que poucas pessoas monopolizem a reunião, por mais acertados que pareçam seus pontos de vista.
	Deve-se construir a partir de onde se está e das preocupações, dos conhecimentos e das experiências de todas as professoras. Isso é obtido aceitando-se e valorizando-se todas as abordagens e convidando as pessoas ("e você, o que pensa?") que não o fazem de maneira espontânea, por discrição ou outros motivos, a participar. Todos devem participar e sentir que as suas contribuições são consideradas.
Foco no tema	Todos, e especialmente quem faz o papel de moderadora, devem comprometer-se a criar uma discussão de equipe, evitando os diálogos paralelos e as divagações excessivas.
Recapitulação dos acordos	No final da reunião, ou nos momentos em que se encerre determinados temas, deve-se explicitar e repetir claramente os acordos aos quais se chegou e comprovar que todos os aceitam como uma decisão de equipe. É muito útil fazer uma ata de reunião e explicitar os objetivos da reunião, as pessoas que estão presentes e os acordos e as decisões tomadas.

(continua)

QUADRO 4.2 ▸ ORIENTAÇÕES PARA AS REUNIÕES DE EQUIPE (continuação)

TÓPICO	ORIENTAÇÕES
Acompanhamento das decisões	Convém fazer um acompanhamento dos acordos assumidos anteriormente e zelar pelo seu cumprimento. Caso não sejam cumpridos, é preciso analisar os motivos e esclarecer as responsabilidades.
Registro escrito do trabalho	É indispensável ir coletando por escrito todo o trabalho de equipe, os acordos e as decisões tomadas. Isso é de grande utilidade em várias situações: ▸ quando se começa a fazer o PCE; ▸ quando se quer repassar ou avançar nos aspectos da prática; ▸ quando se quer compartilhar com os companheiros o que se está fazendo; ou ▸ quando se pretende dar informações a um novo integrante em relação a determinadas questões da escola. As discussões são muito importantes e, graças a elas, avançamos e construímos conjuntamente, porém, se não temos um referente escrito, às vezes, tudo fica em palavras e não se completa a função de orientar ou de guiar a nossa prática. Quantas vezes, alguns dias depois de uma reunião em que foi difícil chegar a acordos, comprovamos que aquilo que nos parecia tão claro não estava para todos e que cada um o havia interpretado e entendido de maneira diferente? A palavra escrita, a linguagem escrita, ajuda-nos a explicitar, a recordar, a poder revisar, se for necessário, e a concretizar mais o que estamos discutindo ou decidindo. Em definitivo, ajuda-nos a fazer a escola e a construir conjuntamente sua identidade.

A COLABORAÇÃO DE ASSESSORES EXTERNOS

Às vezes, a equipe educativa conta também com um assessor ou uma assessora que, de uma maneira mais ou menos frequente, colabora com ela. É o caso dos **assessores psicopedagógicos** (das equipes de assessoramento e orientação psicopedagógica) ou dos **assessores de determinadas áreas ou conteúdos de aprendizagem** (língua, matemática, artes, etc.). Nesses casos, a equipe profissional externa, especializada em determinadas questões, traz sua experiência e seus conhecimentos, colaborando com a equipe educativa.

> **importante** »
>
> De acordo com o tipo de assessoramento e o âmbito em que se realiza, devem-se chegar a acordos e tomar decisões conjuntas em relação a quais conteúdos e questões serão compartilhados e como o trabalho conjunto será estruturado. A partir da negociação conjunta entre assessores e professores, firmam-se acordos e compromissos que devem ter a finalidade de criar um clima positivo de trabalho, tanto em nível de relação como em nível de conteúdo.

Pensamos que a colaboração de assessores externos pode ser de grande ajuda para estruturar o trabalho da equipe educativa. Isso porque esses assessores apresentam determinados conhecimentos que podem complementar os conhecimentos e a experiência que os educadores têm.

No caso do trabalho de equipe da escola, mesmo que não esteja consolidado ou seja difícil fazê-lo, pode ser de grande ajuda a colaboração de um assessor que estabeleça um limite de discussão e um trabalho mais estruturado e neutro. De qualquer forma, são as equipes educativas mais consolidadas e eficazes as que sabem tirar maior partido do papel do assessor ou da assessora, uma vez que essas equipes:

- sabem melhor o que querem;
- podem explicitar mais claramente suas necessidades; e
- têm mais capacidade de aceitar os diferentes pontos de vista que poderão fazê-los avançar.

O assessor deve seguir algumas diretrizes:

- sempre respeitar o talento e a maneira de fazer da escola;
- procurar conhecer bem a equipe;
- partir do trabalho que a escola tem realizado; e
- colaborar para estimular as possibilidades da escola.

Em definitivo, o assessor deve ser um elemento a mais, compromissado com o propósito de estabelecer as bases de um trabalho de equipe consensual e gratificante, elemento indispensável para uma prática de qualidade.

O PROJETO CURRICULAR DE ESCOLA

Quando falamos de projeto de escola, estamos referindo-nos sobretudo ao **PCE**, no qual se concretizam as intenções da escola e do plano de ação consensual em nível de instituição – sobre o que, quando e como se quer ensinar e se pretende avaliar. Isso equivale à concretização do **projeto educativo de escola**.

para saber +

Na bibliografia deste capítulo, são apresentados diferentes materiais nos quais se fala do PCE, de seus componentes e das estratégias úteis para a elaboração do trabalho de equipe.

A seguir, serão abordados o sentido do PCE e algumas estratégias para avançar nele.

PARA QUE SE FAZ?

É muito importante que cada escola ou cada equipe educativa possa explicitar os motivos que tem quando se dispõe a começar seu PCE. Se isso não é feito, pode acontecer de cada educador ter intenções, expectativas e motivações diferentes sobre o que realiza e o que vai envolver no trabalho de equipe. O Quadro 4.3 correlaciona alguns motivos e perspectivas para a elaboração do PCE.

atenção

Os motivos que levam uma escola a planejar, quando se dispõe a fazer seu PCE, podem ser diferentes, e os mesmos professores de uma escola podem ter intenções diversas na hora de organizar-se. Se isso não for falado, explicitado e não se procurar entrar em consenso, podem ocorrer muitas desavenças e conflitos na hora de trabalhar.

Quem entende o PCE como um documento que precisa ser entregue não compreende que isso envolve muitas reuniões de discussão e momentos de colocar em comum o que se faz na sala de aula; pensa que isso é uma perda de tempo e que seria mais rápido se uma pequena comissão se encarregasse de fazê-lo. Já os que pensam que o PCE lhes servirá para aprender com os companheiros e as companheiras e para compartilhar experiências educativas sentem-se insatisfeitos quando a escola propõe os encontros somente como uma distribuição de conteúdos por ciclo, sem discutir ou questionar o que fazer a cada dia nas aulas.

QUADRO 4.3 ▸ MOTIVAÇÕES E PERSPECTIVAS PARA ELABORAR UM PROJETO CURRICULAR DE ESCOLA

MOTIVO	PERSPECTIVA
"Elaboramos o PCE porque ele serve para estarmos de acordo em relação ao que fazemos e ao que queremos fazer."	Alcance de acordos; instrumento para a tomada de decisões.
"Elaboramos os PCEs, porque ele serve para refletirmos e analisarmos o que fazemos."	Reflexão e análise da prática.
"Elaboramos o PCE porque nos mandam; querem somente que entreguemos um documento."	Burocracia.
"Elaboramos o PCE, porque, assim, melhoramos nosso trabalho da sala de aula e podemos aprender com os companheiros e as companheiras; ele serve para modificar ou melhorar nossa prática."	Melhoria e troca; instrumento para a autoformação.
"Elaboramos o PCE para deixá-lo por escrito, para que os novos professores conheçam o projeto da escola e possam realizar uma ação educativa coerente com a escola."	Coerência pedagógica; instrumento para a memória coletiva.

De fato, em muitas escolas, quando se começa o PCE, parece que se trata de uma tarefa nova, complicada e que não se sabe como se vai abordá-la. Certamente, em parte, isso é porque **não se sabe explicar bem o que significa** fazer um PCE. Pode ser que ele tenha sido planejado ou esteja sendo vivenciado como um documento excessivamente formalizador e burocrático, mais como um material escrito para mostrar (para a administração, para a família, etc.) do que como um instrumento (que seja) útil para o trabalho em equipe e na escola.

importante ≫

Segundo Del Carmen (1994), a equipe educativa e a equipe diretiva da escola devem construir **o significado** e **o sentido** que dão ao PCE, partindo de seus conhecimentos e das suas experiências anteriores. De acordo com isso, a necessidade de elaborar o projeto não pode ser imposta por decreto, mas deve ser criada a partir de **processos de esclarecimento** e de **negociações internas** que excluam aproximações formalistas, sem relação com a prática, realizadas somente a partir de solicitações externas.

Nosso ponto de vista vai ao encontro do de Del Carmen (1994): o que realmente é mais útil e interessante é entender o PCE como um "projeto" de escola, como um trabalho que une a equipe e ajuda a dar-lhe identidade, e não como uma exigência externa. Sem menosprezar a importância do resultado material, sua validade tem mais a ver com o processo de elaboração e de reflexão, com o trabalho de discussão e de autoformação da escola, do que com o produto final.

Portanto, a equipe que se dispõe a trabalhar precisa planejar quais são suas expectativas, para que pensa que o PCE lhe servirá, etc. Essa discussão talvez não possa ser feita em um dia, irá alargando-se durante as primeiras reuniões de trabalho, mas será muito útil para:

- esclarecer as ideias;
- escolher o caminho que será feito; e
- decidir a energia e o tempo que será preciso dedicar.

importante >>

É preciso ter claro que fazer o PCE, mesmo que possa ser uma tarefa rica e engrandecedora, não é fácil e, sobretudo no início, traz dificuldades, dúvidas e vacilações. O fato de explicitar as intenções e os meios que queremos destinar é um passo indispensável na hora de iniciar esse trabalho e reverterá em uma dinâmica de trabalho mais dificultosa para a equipe.

Segundo Del Carmen e Zabala (apud ANTÚNEZ et al., 1991, p. 54-56), "[...] o PCE é uma ferramenta fundamental para a escola, principalmente no que tange aos aspectos que serão apresentados a seguir".

▶ Tomada de decisões

O PCE é importante para chegar, em nível pedagógico, a acordos referentes aos diferentes aspectos curriculares da prática na escola. Nesse contexto, podem ser abordadas as seguintes questões:

- O que pretendemos na escola?
- Como queremos que as crianças sejam quando saiam da nossa escola?
- O que as crianças devem ser capazes de fazer sozinhas?
- E o que devem conseguir fazer com ajuda?

- Como organizaremos e ordenaremos as atividades e o nível de exigência e competência que solicitaremos às crianças para intervir de maneira graduada e coerente?
- Como intervimos até então?
- Quais as atividades que consideramos as mais adequadas?
- Como faremos a observação e a avaliação?

Quando a equipe está elaborando o PCE, deve tentar discutir tais aspectos e chegar a acordos em relação ao que as professoras ou educadores compartilham e comprometem-se a realizar.

- **Melhoria da qualidade de ensino**

O fato de falar de todas as questões apresentadas previamente, de partir da análise e da revisão do que já foi feito, provoca um questionamento da equipe sobre determinadas intervenções ou maneiras de fazer. Isso pode, ao fim, melhorar tais intervenções ou maneiras.

dica

O PCE é uma ferramenta para analisar a prática. As reuniões de equipe servem para:

- valorizar os conteúdos que são trabalhados;
- discutir esses conteúdos;
- apresentar novas informações ou teorias sobre a aprendizagem e o ensino;
- replanejar determinados aspectos da prática.

Tudo isso ajuda a revisar e a melhorar a qualidade da prática educativa.

- **Formação permanente**

No trabalho de elaboração do PCE, mesmo que seja a partir da interação entre os diferentes professores, da leitura de documentos, de referenciais psicopedagógicos ou da colaboração de assessores ou formadores, a equipe educativa deve dispor de uma ferramenta fundamental para sua formação: de um **espaço de trabalho** entre companheiros e companheiras que apresente ótimas condições para formar-se uma estreita relação com o que se faz na sala de aula e na escola.

Nesse caso, não se trata de um cursinho que dê assistência individual aos professores de maneira mais ou menos participativa, mas de um trabalho que seja realmente cooperativo e em equipe, a partir do qual se aprenda e se avance, todos chegando a acordos e aprofundamentos nos aspectos que sejam considerados relevantes.

▶ Ferramenta documental

Mesmo que os autores destaquem o caráter dinâmico do PCE, valorizando o processo de elaboração em detrimento da explicitação formal das conclusões adotadas para evitar que se possa considerar o PCE como um documento formal ou burocrático, isso não significa que não se dê importância a essa versão documental, desde que ela esteja realmente vinculada à prática de cada dia.

"O PCE não deve ser outro papel sem utilidade, com valor unicamente administrativo, mas a proposta educativa e consciente da equipe de profissionais de uma escola" (ANTÚNEZ et al., 1991, p. 56). O fato de deixá-lo por escrito permite sempre poder voltar e revisar; ao longo dos anos, ele se transforma "[...] no registro da história educativa da escola, qualquer que seja a justificativa da sua linha de trabalho, e pode conservar-se, por vezes, além das pessoas concretas" (ANTÚNEZ et al., 1991, p. 56).

COMO SE COMEÇA? POR ONDE?

para refletir !!!

> É necessário iniciar o PCE selecionando temas que motivem e envolvam todos os profissionais de ensino, de maneira que, depois, se possa ver um proveito pela elaboração desse instrumento que é útil para melhorar a prática.

Como já dissemos, elaborar um PCE não é fácil, muito menos quando não se está habituado e não se fez isso anteriormente. Por esse motivo, especialmente quando se começa, surgem muitas dúvidas e muitas inseguranças; é especialmente complicado apresentar, de maneira rápida, uma dinâmica de trabalho que seja produtiva e eficaz.

Dessa forma, na hora de começar, é importante escolher um caminho que considere a **experiência prévia**. Antes de iniciar, deve-se revisar e colocar em comum tudo o que já está feito, o que já é projeto curricular, mesmo que, ao ter sido elaborado, não tenha recebido tal denominação. Referimo-nos ao que já está sendo trabalhado ou escrito sobre a própria prática e que se pode coletar e usar sem partir do zero. Certamente, em cada escola, existem decisões tomadas em relação a diversos aspectos, por exemplo:

- à metodologia;
- aos conteúdos que são considerados prioritários;
- a como se faz o processo de adaptação dos novos alunos;
- a como se organiza o processo de iniciação da língua escrita;
- a como se planeja o trabalho de desenvolvimento das capacidades motoras;
- às canções; e
- ao conhecimento do ambiente.

dica

Se fazer o PCE parece ser uma tarefa difícil ou árdua, aconselhamos começar pelos **aspectos que mais foram trabalhados** na escola. Por exemplo, se frequentemente foram feitas reuniões para estabelecer acordos acerca de como trabalhar a linguagem oral, pode-se iniciar o projeto pela reflexão e pelo consenso sobre tais conteúdos para, progressivamente, ir trabalhando os outros aspectos menos tratados ou aprofundados. Essa dinâmica tem a vantagem de oferecer maior segurança para a equipe e facilitar o início do trabalho.

Além de iniciar pelos aspectos mais trabalhados, outra maneira de proceder que facilita o envolvimento de todos é analisar primeiramente quais são **as necessidades mais urgentes e maiores** que se tem como um coletivo. Quando se começa o projeto tentando dar resposta a essas necessidades, observam-se mais facilmente a utilidade e o benefício desse trabalho. Para facilitar essa análise, a escola pode interrogar-se sobre determinadas questões, como as que constam no Quadro 4.4.

O Quadro 4.4 traz somente alguns exemplos dos problemas que podemos enfrentar. Para chegar a identificar tais problemas, pode-se utilizar diversas estratégias, conforme o Quadro 4.5.

ESTRATÉGIAS DE ELABORAÇÃO

Há diferentes publicações que tratam das questões referentes às estratégias de elaboração de PCEs e que dão respostas de uma maneira detalhada e clara. A seguir, apresentaremos cinco propostas de Del Carmen e Zabala (1991, p. 74-78). Mais adiante, veremos exemplos que têm relação com essas estratégias de elaboração.

QUADRO 4.4 ▶ ANÁLISE DAS PRINCIPAIS NECESSIDADES DAS ESCOLAS

PROBLEMA	SUGESTÃO
"Temos pouco espaço e isso complica compartilhá-lo de uma maneira que todos possam aproveitá-lo sem que se produza algum conflito."	"Podemos começar o projeto analisando e colocando em comum a organização e a utilização dos espaços da escola e, em seguida, chegando a critérios comuns e a acordos em relação a seu uso."
"De repente, começaram a vir muitas crianças de diferentes culturas e ficou difícil responder a essa diversidade, considerando os objetivos a que nos havíamos proposto."	"Poderíamos começar por analisar e chegar a acordos em relação à maneira como consideramos, aceitamos e atendemos essa diversidade cultural na escola."
"Não chegamos a um acordo na maneira como trabalhar a língua escrita, temos diferentes visões e não conseguimos fazer um projeto comum."	"Iniciaremos o projeto tratando o tema da língua escrita, chegando a decidir e estabelecer os objetivos que queremos alcançar, os conteúdos que trabalharemos em cada ciclo, a metodologia e o tipo de atividades que realizaremos."
"Existem pais que protestam e apresentam inconvenientes em relação a nossa maneira de receber as crianças na chegada e de despedirmo-nos na saída. Às vezes, há dificuldades, e algumas educadoras creem que deveríamos fazê-lo de maneira diferente."	"Começaremos tratando essas questões, colocando em comum os objetivos que pretendemos nesse momento da jornada, os conteúdos que julgamos que devemos favorecer e incentivar, a maneira como o faremos e como nos organizaremos para consegui-lo."
"Temos muitas trocas de educadores, e isso prejudica a realização uma tarefa coerente e com continuidade. As professoras novas levam tempo para entender a maneira de agir na escola e quase não há documentos escritos para que elas possam ser informadas com uma certa agilidade."	"É preciso começar a escrever nosso projeto de escola, colocar em palavras escritas tudo o que compartilhamos em relação à linha pedagógica da escola, começando por aquelas questões que nos pareçam ser indispensáveis que as novas professoras tenham claro e possam compartilhar."

▶ **Procedimento dedutivo**

Trata-se de elaborar o PCE a partir dos **aspectos mais abstratos** (objetivos gerais), avançando, gradualmente, para a **elaboração mais concreta** (sequenciação de conteúdos e objetivos, metodologia, recursos e avaliação).

QUADRO 4.5 ▸ ESTRATÉGIAS PARA A IDENTIFICAÇÃO DE PROBLEMAS ENFRENTADOS NAS ESCOLAS

SITUAÇÃO	ESTRATÉGIAS
Deseja-se que cada um planeje livremente o que é que mais lhe angustia e preocupa em nível educativo.	Tentar fazer um repasse dos problemas ou dos conflitos que se apresentaram ultimamente na escola, seja por parte dos professores do mesmo ciclo, de outros ciclos ou por parte dos pais e das mães. Analisar quais são as temáticas que atualmente se apresentam como fontes de conflitos.
Acredita-se que não existem conflitos ou que não agrada qualquer ideia de pensar sobre isso.	▸ Iniciar o trabalho de reflexão apresentando ideias ou propostas de trabalho que cada um pensa que possam ser úteis para a equipe da escola. ▸ Fazer uma colocação em comum, em que os diferentes membros da equipe apresentem experiências de trabalho de equipe que anteriormente consideraram úteis, mesmo realizadas em outras escolas, em seminários ou em outros espaços de trabalho ou de formação.
Há bastante ânimo e vontade de trabalhar.	▸ Propor a elaboração do PCE como um espaço de discussão, aprendizagem e diversão; como um espaço para a inovação e as mudanças. ▸ Começar pela proposta que pareça mais engajadora e inovadora, a qual faça o grupo sentir que está aprendendo, que avança e que está indo bem.

▸ **Explicitação do projeto atual**

Trata-se de explicitar os **critérios que orientam a prática**, na atual situação da escola, em relação aos diferentes elementos do PCE (critérios de avaliação, sequenciação de conteúdos, orientações metodológicas, etc.).

para saber +

A estratégia de explicação do projeto atual parte da ideia de que toda a equipe de professores aplica um projeto curricular nas aulas e na escola. Às vezes, parte da aplicação de materiais curriculares elaborados por uma equipe externa (editores, livros); outras vezes, parte da experiência e da evolução compartilhada da equipe docente.

▶ Sequenciação parcial

A equipe seleciona um **conjunto de conteúdos** que lhe interessa trabalhar naquele momento (p. ex., a linguagem oral, os hábitos de higiene e de alimentação, o conhecimento do próprio corpo, etc.) e a **sequência por ciclo ou por nível**. Também, paralelamente, colocam-se em comum e decidem-se as **estratégias de intervenção** e a **metodologia** que é preciso utilizar para trabalhá-los, revisando-se, além disso, quando e como ensinar.

dica

A estratégia de sequenciação parcial é bastante adequada para as escolas que atendem crianças de 3 a 12 anos que se propõem à sequenciação e que querem fazê-la de maneira coletiva e paralela. Tem a vantagem, se bem planejada, de poder criar um ambiente de discussão e de reflexão rico e positivo que frequentemente vá além das reuniões estritas para trabalhar o PCE e converta-se em um caminho excelente de autoformação e questionamento da prática.

▶ Elaboração de unidades didáticas sequenciadas

O trabalho de equipe centra-se na análise e na colocação em comum de uma **unidade de programação** que explicita seus diferentes componentes, a partir de questões como:

- ▶ Para que o fazemos?
- ▶ Que objetivos pretendemos conseguir?
- ▶ O que trabalhamos?
- ▶ Como o fizemos?
- ▶ Como o organizamos?
- ▶ Como o avaliamos?

A unidade se concretiza conforme as capacidades e os conhecimentos das crianças (p. ex., o momento da refeição, a rodinha, o cantinho da casinha, a festa das castanhas, etc.). Tal estratégia é bastante útil, uma vez que permite:

- ▶ pôr em comum os objetivos e a metodologia contemporânea;
- ▶ diferenciar o nível de exigência progressiva; e
- ▶ distinguir os critérios de sequenciação para cada unidade.

A estratégia de elaboração de unidades didáticas sequenciadas é mais adequada para um trabalho dentro da etapa da educação infantil, especialmente nas escolas que atendem de 0 a 3 anos.

▶ **Análise dos materiais curriculares utilizados**

Esta maneira de proceder é adequada principalmente para as escolas que trabalham baseados em determinados **materiais curriculares**. Essas escolas podem explicar seu PCE a partir da análise desse material e das suas propostas.

atenção

Na etapa da educação infantil, pensamos que não seria aconselhável usá-los, já que uma equipe educativa dificilmente pode basear seu trabalho somente a partir de materiais curriculares; estes devem ser usados como um complemento ou, em todos os casos, nos últimos cursos da etapa e em relação a conteúdos muito específicos.

COMO REVISAR E AVALIAR?

Já dissemos que o PCE é um instrumento para revisar, analisar, modificar e firmar acordos na equipe em relação à prática educativa. Como um instrumento, deve ser útil à equipe e, ao ser elaborado, ter em vista tal consideração.

Se pensarmos que a **mudança** e a **melhoria** são elementos indispensáveis e fundamentais em uma tarefa tão complexa como é o ensino (de fato, em qualquer âmbito da vida...), não podemos planejar de que maneira o PCE pode ficar concluído, nunca ficamos satisfeitos com sua concretização e com as decisões que ali se explicitam. Talvez algumas pessoas, neste momento, tenham algumas perguntas em mente:

▶ Por que tanto trabalho?

▶ Um projeto que não acaba nunca?

▶ Para que serve fazê-lo se pensamos que teremos que modifica-lo?

Cremos que o que se faz em equipe, por pouco que seja ou por melhor que nos pareça, já está feito. Somente se pode melhorar ou modificar algo que antes tenha existido e que se tentou explicitar.

importante

O PCE é um instrumento que precisamos revisar, modificar e transformar à medida que mudam as circunstâncias, melhora nossa formação ou dispomos de mais tempo para fazê-lo. Essa mudança, evidentemente, não pode ser total; deve ser construída e modificada, partindo do que já está feito e aproveitando tudo o que se construiu entre todos.

A melhor maneira de fazer a revisão do PCE é com a finalidade de que ele siga vivo e útil no trabalho cotidiano da escola; que seja elaborado e sirva realmente para planejar a prática do que fazemos em diferentes situações:

- quando chegam professores novos;
- quando planejamos o ano letivo;
- quando, nas reuniões de ciclo, tomamos decisões em relação às festas ou à avaliação;
- quando realizamos a programação do cantinho de artes ou do momento da refeição.

Somente assim poderemos revisar e avaliar progressivamente nosso projeto e fazer alterações e variações ao que antes tenha sido decidido.

para saber +

Serafí Antúnez propõe pautas para avaliar o PCE que podem ser úteis (ANTÚNEZ, 1991, p. 102-107).

Se o PCE for um documento que guardamos nos arquivos e somente nos serve para cumprir uma exigência da administração, o fato de realizar essa revisão será difícil ou não terá quase sentido, a não ser que se queira aproveitar para elaborar realmente um instrumento e uma ferramenta de trabalho úteis para a equipe.

OS COMPONENTES DO PROJETO CURRICULAR DE ESCOLA

Os componentes que o PCE deve ter fazem referência aos quatro componentes básicos do currículo:

- o que ensinar;
- quando ensinar;
- como ensinar; e
- o que, quando e como avaliar.

Mesmo que esses critérios sejam úteis na etapa da educação infantil, na hora de concretizá-los, pensamos que há opções úteis que não são facilmente extrapoláveis para outras etapas.

> **dica**
>
> Quando se dispõe a iniciar seu PCE, a escola pode fazer um **índice geral** sobre os itens ou os componentes que queira que constem. Dessa maneira, à medida que são trabalhados determinados aspectos ou tomadas decisões em certos âmbitos que, a princípio, não se considerava como um PCE, pode-se coletá-los e incluí-los dentro dos itens correspondentes do projeto.

Frequentemente, em determinadas escolas nas quais se trabalha certos temas, são feitos acordos ou elaborados documentos que não se colocam no PCE. Referimo-nos, por exemplo, aos seguintes aspectos:

- à elaboração de um modelo de informe aos pais e às mães;
- à preparação da festa de carnaval;
- à organização de determinados espaços da escola em função dos objetivos educativos; e
- à colocação em comum em relação com os critérios para fazer as entrevista com os familiares.

Todos esses temas devem fazer parte do projeto da escola e ter lugar em seu PCE. Paralelamente, às vezes, a equipe tem uma certa angústia, pois pensa que não avança o suficiente na elaboração de seu PCE, ao qual destina reuniões e que não acaba de relacionar com as outras tarefas comentadas anteriormente. Certamente, isso é assim porque talvez não esteja suficientemente claro o significado e a utilidade real que deve ter o PCE.

Dessa forma, o fato de ter um índice geral pode facilitar o recolhimento dos diferentes aspectos que se trabalham ou que foram trabalhados anteriormente na escola, considerando-os também parte do PCE. A seguir, abordaremos e comentaremos dois exemplos de modelos possíveis de índices de PCE nessa etapa.

- **Modelo A** – Foi preparado para as escolas que recebem crianças de 3 a 6 anos que estão junto a outras de 6 a 12 anos e que realizam conjuntamente seu PCE. Permite uma organização similar do projeto. O fato de poder compartilhar e utilizar o mesmo tipo de índice do PCE facilita um trabalho coordenado e coerente (Quadro 4.6).

- **Modelo B** – Foi pensado para as escolas com crianças de toda a etapa (0 a 6 anos) e para casas de crianças e creches (0 a 3 anos). Nas escolas com crianças de 3 a 12 anos, este tipo de índice apresenta o problema

QUADRO 4.6 ▶ ÍNDICE DO PROJETO CURRICULAR DA ESCOLA: MODELO A

1. **Apresentação do Projeto**
2. **Objetivos gerais ao acabar a etapa**

   Adequação e contextualização dos objetivos gerais do ciclo ou da etapa na escola: quais os grandes objetivos que propomos às crianças que acabarão o ciclo ou a etapa na nossa escola.

3. **Princípios e critérios metodológicos gerais da escola**

    3.1 Metodologias mais utilizadas na escola.
    - Critérios metodológicos.
    - Critérios para selecionar atividades.
    - Atividades mais significativas.

    3.2 Critérios para organizar os diferentes espaços da escola.

    3.3 Critérios na organização do tempo (a jornada escolar, o horário semanal, etc.).

    3.4 Critérios em relação com a atenção à diversidade da escola.

4. **A observação e a avaliação**

    4.1 Critérios para fazer a observação das crianças (maneiras de fazer, instrumentos, estratégias, etc.).

    4.2 Critérios para avaliar o processo de ensino-aprendizagem e a metodologia.

    4.3 Critérios para comunicar a avaliação aos alunos, aos pais e às mães (entrevistas, informes, etc.).

5. **Área I: Descoberta de si mesmo**

    5.1 Objetivos gerais da área (ao acabar a etapa).

    5.2 Conteúdos prioritários desta área.

    5.3 Critérios de avaliação.

6. **Área II: Descoberta do meio natural e social**

    6.1 Objetivos gerais da área (ao acabar a etapa).

    6.2 Conteúdos prioritários desta área.

    6.3 Critérios de avaliação.

7. **Área III: Intercomunicação e linguagem**

    7.1 Objetivos gerais da área (ao acabar a etapa).

    7.2 Conteúdos prioritários desta área.

    7.3 Critérios de avaliação.

de que dificilmente se pode acompanhar na etapa de ensino fundamental, uma vez que é mais difícil identificar os diferentes âmbitos da atividade para toda a etapa, como acontece na educação infantil. Nesses casos, a escola deve propor o que prioriza: realizar um trabalho de escola paralelo nas duas etapas ou seguir critérios diferentes na organização do projeto segundo a etapa (Quadro 4.7).

importante >>

Independentemente do tipo de escola, é necessário que, no decorrer da elaboração do PCE, proponha-se uma série de questões que se refiram às **funções** que a escola desempenha. Assim, é preciso explicitar os quatro elementos básicos do currículo, apresentados no início desta seção.

QUADRO 4.7 ▶ ÍNDICE DO PROJETO CURRICULAR DA ESCOLA: MODELO B

1. Objetivos gerais ao acabar o ciclo

2. Conteúdos prioritários

3. Critérios metodológicos gerais

Metodologias mais utilizadas na escola. Critérios metodológicos. Critérios para selecionar atividades. Atividades mais significativas. Organização do espaço, do tempo, dos materiais. Atenção e resposta à diversidade.

4. As diferentes situações e os âmbitos da atividade (unidades de programação mais significativas e habituais)

4.1 O momento da refeição (objetivos/conteúdos prioritários/metodologia, maneiras de fazer/pautas de observação).

4.2 A chegada e a saída na escola (idem).

4.3 O processo de adaptação (idem).

4.4 A rodinha (idem).

4.5 O momento de descanso (idem).

4.6 O momento de jogos/os cantinhos (idem).

4.7 Etc.

5. A relação e a colaboração com as famílias

Critérios de trabalho, colaboração, reuniões, entrevistas, informes, etc.

6. A observação e o seguimento das crianças

Instrumentos de observação que utilizamos, pautas, etc.

O QUE PRETENDEMOS?

▶ **Objetivos e finalidades**

Nas escolas – especialmente nas de educação infantil –, devem-se fazer muitas coisas. Dedica-se muito tempo a preparar o que será feito, as atividades propostas aos alunos, os materiais ou os recursos a serem utilizados; dedica-se muito tempo (quase todo!) a intervir, a resolver conflitos, a organizar, a propor e a fazer atividades com as crianças.

Às vezes, sobra pouco tempo para refletir sobre o que se pretende, sobre as finalidades educativas que se procura alcançar. Frequentemente, é mais fácil às professoras pensar e apresentar atividades interessantes envolvendo um tema do que refletir sobre as finalidades e os objetivos que devem estar por trás dessas atividades.

para refletir !!!

Por que é importante discutir, revisar e decidir quais são as finalidades educativas das atividades?

É quando estamos falando e discutindo sobre o tipo de crianças que queremos formar que, definitivamente, estamos decidindo como queremos que seja o futuro cidadão ou a futura cidadã que desejamos formar na nossa escola. Não estamos discutindo, pois, uma questão puramente educativa e pedagógica, mas uma questão de importante **transcendência social**. Nesse contexto, surgem questões como:

- ▶ Queremos formar pessoas autônomas?
- ▶ Queremos formar pessoas disciplinadas?
- ▶ Em que queremos que as pessoas sejam autônomas?
  - Nos seus hábitos básicos, por exemplo?
  - Queremos que saibam pendurar bem o casaco e colocar o avental, abotoando-o?
  - Queremos que saibam pensar e decidir pequenas coisas por elas mesmas?
  - Desejamos que tenham iniciativa e criatividade?
  - Desejamos que sejam muito disciplinadas e ordenadas?

Como vemos, decidir objetivos e finalidades não é nada fácil; fazê-lo em equipe, menos ainda, já que é preciso entrar em acordo em muitas coisas e com muito mais frequência do que imaginamos. Temos ideias, ideologias e preconceitos diferentes, que não chegamos nunca a explicitar e a colocar na mesa. Entretanto, mesmo assim, a reflexão sobre as **finalidades sociais de ensino** (ZABALA, 1994) não podem ser dispensadas, porque contribuem para configurar as metas e os meios que colocaremos à disposição da criança que queremos ajudar a crescer.

Às vezes, essa reflexão parece teórica e distanciada da prática; até é possível acreditar que não seja necessária e defender partir exclusivamente das atividades e das ações. Consideramos, porém, que é preciso refletir e discutir sobre esses objetivos.

para refletir !!!

A reflexão sobre os objetivos é necessária porque são eles os mesmos que servem para revisar constantemente sua relação e sua vinculação com as propostas que fazemos; é preciso que os replanejemos ou os modifiquemos sempre que se decida que já estejam defasados. Acreditamos nisso porque entendemos que **é preciso explicitar o que está implícito**.

As perguntas a seguir servem de exemplo para a discussão acerca da necessidade de refletir e discutir sobre os objetivos de ensino.

- ▶ O que pretendemos, por exemplo, em relação à iniciação e à aproximação à leitura que se faz na etapa de educação infantil?
  - Pretendemos despertar a curiosidade e o interesse para a leitura?
  - Pretendemos que os alunos vejam e que comprovem a sua utilidade para a comunicação entre as pessoas?
  - Pretendemos que a vivenciem como algo lúdico e divertido ou pensamos que não poderão atribuir-lhe esse caráter até que sejam maiores e dominem as estratégias de decodificação?
  - Pretendemos que conheçam as vogais?
  - Pretendemos que conheçam e que experimentem todas as letras ou aquilo que lhes desperte mais a curiosidade?

De acordo com as finalidades que queremos alcançar na escola, teremos que buscar e escolher **atividades** e **metodologias** que realmente sirvam para alcançá-las. Isso parece muito simples, mas, na realidade, não é nada fácil. Às vezes, se analisarmos tal relação mais a fundo, veremos que uma ou outra atividade não é tão pertinente aos objetivos como pensávamos ou que, em relação a determinados objetivos que consideramos muito importantes, na realidade, não propusemos nenhuma atividade ou estratégia concreta.

Na etapa da educação infantil, especialmente no primeiro ciclo, é difícil também planejar as intenções, porque elas frequentemente se confundem com as características do **calendário de maturação**. Poderíamos dizer que, às vezes, há uma certa confusão entre as conquistas do calendário de maturação e os objetivos que pretendemos na escola.

É um objetivo que a criança que ficava tranquila na escola até os 6 ou 8 meses comece a chorar quando sua mãe vai embora? Ou se trata de uma evolução que é preciso observar e atentar para detectar possíveis dificuldades? Talvez, na realidade, o objetivo a que nos propomos é que a criança expresse suas emoções e suas necessidades e que, aos poucos, aceite ser consolada pela educadora quando tem vontade de chorar.

atenção

O calendário de maturação condiciona e aconselha determinados objetivos. Contudo, há traços e condutas que se apresentam em determinados momentos da evolução que não são objetivos educativos, mas que constituem referentes ou signos que é preciso observar para detectar ou prevenir possíveis **dificuldades** ou **atrasos**.

Em uma certa idade, a criança morde e explora com a boca tudo o que encontra. Com relação a isso, deve-se refletir sobre algumas questões:

- ▶ É preciso valorizar essa atitude?
- ▶ Deve-se provocar que isso aconteça?
- ▶ Deve-se ir ensinando à criança que existem coisas que é melhor que não chupe, porque estão sujas ou porque podem lhe fazer mal?
- ▶ Deve-se ensinar à criança que não deve morder as outras meninas e os meninos, porque isso lhes faz mal e não lhes agrada?

Um outro exemplo: em uma certa idade, as meninas e os meninos atiram as coisas ao chão, para ver o que acontece ou para sentir o ruído que faz. É importante se perguntar:

- ▶ É preciso estimular essa atitude?
- ▶ É necessário deixá-los fazer isso com qualquer objeto?

- Deve-se deixar que experimentem e explicar que não se atira comida no chão ou que não se pode jogar determinados objetos que valem mais porque quebram com facilidade?

Por fim, a questão-chave é: **qual será o nosso objetivo educativo em relação a tais situações?** Essa discussão deve ser proposta à equipe educativa. Certamente, as professoras demonstrarão interesse e terão algumas visões diferentes, sendo necessário discuti-las para chegar a acordos e para fazer um projeto de intervenção coerente e eficaz. De fato, por trás dessa discussão, estão os **componentes ideológicos** que é preciso esclarecer e sobre os quais é necessário estabelecer consenso, por meio de questões como:

- Queremos que as crianças se sintam livres e experimentem tudo o que estiver a seu alcance?
- Temos que pôr limites às suas necessidades de experimentação?
- As crianças necessitam de limites?
- Pensamos que lhes preparamos para viver em sociedade?
- Pensamos que esta sociedade não nos agrada e queremos criar uma diferente na escola?
- As crianças devem desfrutar, agora que podem, de uma liberdade sem limites?
- As crianças devem aprender a respeitar as normas e as pautas de comportamento estabelecidas? Quais?

Consideremos que a missão da escola seja a de acompanhar, guiar, ajudar a criança a desenvolver suas capacidades ao máximo, tanto em relação aos objetivos e às finalidades gerais do sistema educativo quanto em relação aos objetivos concretos que a escola propõe e decidiu colocar em seu projeto, referindo o meio social e cultural em que se apresenta imerso. Então, devemos planejar, no PCE, os objetivos que queremos alcançar, seja em nível geral (objetivos gerais da etapa ou do ciclo), referente às áreas, seja referente às atividades ou às unidades didáticas.

para refletir !!!

O que a criança deverá ser capaz de fazer ao concluir a etapa de educação infantil ou o ciclo?

Em algumas escolas, está sendo útil refletir em torno dos objetivos pensando na criança e, depois, redigi-los na **terceira pessoa do singular (ele/ela)**, em vez de escrevê-los no infinitivo, como é mais frequente. Não é somente uma questão formal; essa forma ajuda a pensar concretamente na criança que conclui o ciclo ou a etapa e em tudo o que se propõe que ela seja capaz de fazer, de pensar ou de mostrar naquele momento.

Nessa discussão, a equipe imagina e pensa nos muitos meninos e meninas que concluem o ciclo ou a etapa, e isso ajuda a concretizar e planejar **objetivos reais e possíveis** que procuramos alcançar como equipe educativa. Alguns exemplos de redação de objetivos são apresentados a seguir:

- Que mostre autonomia em...
- Que se sinta seguro e confiante ao...
- Que aceite e comece a respeitar as normas de convivência e relação com...
- Que expresse as próprias emoções e necessidades...
- Que participe nos diferentes grupos...
- Que compreenda...

importante »

É indispensável ter claro os diferentes objetivos propostos a um ciclo, em uma área ou em um determinado curso, para poder decidir e selecionar as atividades e as unidades de programação que realizaremos, assim como para poder realizar a observação e a avaliação dos progressos e da evolução das crianças.

A partir da explicitação dos objetivos, é preciso planejar quais situações serão propostas para que eles sejam alcançados.

▶ Capacidades e conteúdos

No momento de pensar sobre os conteúdos e as capacidades que pretendemos que a criança desenvolva, devemos considerar os **cinco tipos de capacidades** que se estabelecem nos currículos atuais, as quais asseguram uma formação global e completa à criança:

- capacidades afetivas e de equilíbrio pessoal;
- capacidades motoras;

- capacidades cognitivas e linguísticas;
- capacidades de relação interpessoal; e
- capacidades de atuação e de inserção social.

Nos diferentes momentos da prática na aula e na escola, talvez seja útil ter essas capacidades como um referente para analisar a prática ou para planejar as atividades. Quando estamos realizando uma sequenciação ou uma seleção de conteúdos, é frequente que nos percamos nas listas ou nos objetivos referenciais. Às vezes, esquecemo-nos de critérios que parecem importantíssimos e implicam o desenvolvimento dos cinco tipos de capacidades, e não somente dos mais tradicionais (cognitivos, motores, etc.) ou daqueles pelos quais sentimos uma atração especial.

Nos currículos apresentados pela administração, tais capacidades ficam refletidas nos objetivos gerais da etapa, em que se propõem as capacidades que se deve alcançar ao finalizar a etapa. Com relação aos **diferentes conteúdos** que consideramos na escola para desenvolver essas capacidades, nos currículos oficiais temos também uma proposta que os orienta e os guia. Ao lado dessa proposta, temos:

- nossa experiência;
- o projeto de escola (explicitado ou não);
- nossos conhecimentos; e
- outros materiais e propostas curriculares que também possam ser úteis.

dica

Em nosso trabalho de assessoramento e de colaboração com as diversas escolas, temos comprovado que, na hora de elaborar o PCE, explicar as programações ou planejar uma sequenciação dos conteúdos, os **conteúdos em grandes blocos** são de muita utilidade, de maneira que podemos ter uma visão global e coerente de todos os conteúdos que devem estar presentes na etapa.

O fato de organizar os conteúdos em torno de núcleos apresenta algumas vantagens:

- permite tornar mais significativos (concretizar mais) os conteúdos que aparecem no currículo;
- permite delimitar grandes finalidades em relação à área (isso é interessante, porque pode concretizar o que se persegue em nível mais geral e, ao mesmo tempo, fundamental);

- possibilita abordar e realizar a sequenciação, tendo em vista os grandes núcleos organizacionais, e, ao mesmo tempo, sua inter-relação com os outros conteúdos da mesma área ou de outras áreas;

- oferece ideias em relação às orientações didáticas, especialmente para os critérios de organização dos conteúdos.

Adotar uma visão muito parcializada no tratamento dos conteúdos dificulta a adoção de **enfoques globais**. Como já vimos, adotar enfoques globais não é uma decisão metodológica à margem de outros elementos do PCE. Alguns conteúdos não podem ser trabalhados isoladamente, sobretudo quando temos uma visão mais organizada.

importante >>

Evidentemente, o fato de agrupar em blocos não significa que precisamos trabalhar de maneira separada ou parcializada. Devemos tentar trabalhar esses diferentes conteúdos permitindo que as crianças os vivenciem e os aprendam de uma maneira globalizada, estabelecendo tantas relações entre esses quanto seja possível. Com essa organização, simplesmente queremos destacar a importância de termos claro o que queremos ensinar às crianças e em relação aos diferentes conteúdos que precisamos trabalhar na escola.

É preciso considerar que as organizações apresentadas são funcionais em um determinado momento e devem ser adequadas à **experiência** e às **maneiras de trabalhar** de cada equipe educativa. Ao lado dessas, pode haver outras melhores. Não se trata de fazer um quadro-modelo, mas de tentar ter uma visão organizada e clara dos conteúdos que queremos trabalhar, evitando visões parcializadas em forma de listas nas quais podemo-nos perder e que não nos ajudam a estabelecer prioridades para os diferentes momentos educativos.

- **Critérios psicopedagógicos**

Os critérios psicopedagógicos mais destacados são apresentados no Quadro 4.8.

importante >>

É importante refletir, trabalhar e decidir os critérios que temos em relação à sequenciação. Esse trabalho é interessante porque serve para entrar em acordo, para esclarecer as intenções que objetivamos e para estabelecer consenso acerca do grau de exigência no decorrer da etapa. No transcurso de tais discussões, chega-se a acordos em relação às atividades planejadas, a como se planeja e aos materiais e os recursos que serão utilizados.

QUADRO 4.8 ▶ CRITÉRIOS PSICOPEDAGÓGICOS PARA A SEQUENCIAÇÃO DAS APRENDIZAGENS

Considerar as **aprendizagens e as vivências prévias** dos meninos e das meninas em relação aos conteúdos de que se trata.	Esta informação contém, em parte, a programação da escola (sabemos os conteúdos que foram trabalhados anteriormente), e também é preciso contemplá-los com a observação e a avaliação dos conhecimentos e os graus de aprendizagem da criança graças à interação com o seu meio familiar e social próximo. São muito importantes, aqui, o intercâmbio e a comunicação com as famílias. Assim, poderíamos perguntar: em relação a esse conteúdo, o que é que a criança já sabe e tem aprendido até o momento? Por exemplo, em relação ao conteúdo conceitual "tempo", o aluno já consegue diferenciar antes/depois, dia/noite ou manhã/tarde/noite?
Passar dos conteúdos mais simples (que constam de menos passos) aos mais complexos, dos mais globais aos mais detalhados.	Neste caso, devemos passar, por exemplo, da "colaboração ativa no momento da refeição" à "utilização dos instrumentos habituais no momento de alimentar-se". Outro exemplo seria: do "reconhecimento de si mesmo e de seu corpo no espelho" ao "conhecimento das diferentes partes do seu corpo".
Passar dos conteúdos mais básicos e necessários àqueles que não são tanto, seja porque respondem a necessidades muito imediatas de satisfazer ou porque são mais importantes que outros na solução de situações ou de tarefas.	Um exemplo deste critério seria o conteúdo necessário no processo de adaptação ao centro docente, quando as crianças começam a vir à escola. É necessário, primeiramente, que as crianças conheçam e orientem-se pelos espaços que utilizarão mais (a sala de aula, os lugares habituais, o pátio, etc.). Este também é um trabalho de hábitos e de conhecimento e aceitação de normas que se realiza no primeiro trimestre na sala de aula do grupo de 3 anos nas escolas com crianças de 3 a 12 anos.
Considerar as relações entre os conteúdos de diferentes tipos dentro da área e de diferentes tipos entre as diferentes áreas.	—

A sequenciação deve servir como referente e orientação às educadoras e para informar as famílias e as novas professoras da escola. Contudo, não deve ser tomada como uma sequenciação rígida, em que não seja considerado que o processo educativo é de todo um ciclo e que sempre será necessário graduar as intenções e as exigências conforme as crianças que estão na sala de aula.

Na etapa de educação infantil, as crianças provêm de diferentes famílias, têm pouca experiência de escola e mostram uma grande diversidade de competências, de experiências, de conhecimentos prévios. A sequenciação de objetivos e de conteúdos serve como referente para realizar a programação de atividades, para preparar as pautas de observação e avaliação. Contudo, dentro da sala de aula, há uma grande diversidade que se deve **respeitar** e **atender com flexibilidade** e **sem classificações prematuras**. Portanto, a sequenciação serve como referente e, depois, pode modificar-se e relativizar-se em função de aspectos como:

- o grupo;
- a diversidade da aula; e
- as priorizações decididas em cada curso.

▶ Critérios evolutivos

Os critérios evolutivos têm uma grande importância na etapa de educação infantil. A partir de como as crianças estão em relação aos conteúdos do ponto de vista evolutivo, devemos planejar quais conteúdos são necessários trabalhar para que as elas avancem em direção aos objetivos gerais da etapa.

Na idade da etapa da educação infantil, em que se realiza uma evolução natural tão impressionante, o calendário de maturação é um referente indispensável que orienta e guia o planejamento das intenções e dos objetivos educativos. Um objetivo básico dessa etapa é o de **acompanhar e estimular o desenvolvimento das diferentes capacidades**, favorecendo, assim, que os meninos e as meninas possam demonstrar e desenvolver todas as suas possibilidades. Por esse motivo, é preciso estar atento para que todos o possam fazer, oferecendo a ajuda necessária a cada criança em função de suas possibilidades.

atenção

Mesmo que seja preciso considerar o calendário de maturação, às vezes ele pode variar segundo as experiências das crianças. É preciso também relativizar o peso de determinados critérios ou pautas, supostamente evolutivas, que pareceram pouco reais com o passar do tempo (p. ex., "não se deve ensinar a ler e a escrever antes dos 6 anos" ou "os meninos e as meninas, aos 3 ou 4 anos, não sabem fazer jogos cooperativos e fazem somente jogo em paralelo"), por causa de diversos motivos.

Em nível de motricidade, que é uma das capacidades nas quais o calendário de maturação tem um peso mais evidente, temos visto que crianças muito pequenas aprendem muito cedo a subir e a descer escadas ou a subir e a descer pelo escorregador sozinhas porque a infraestrutura de sua escola facilita-lhes ou obriga-as a desenvolver tais habilidades. Essas crianças mostram uma competência em relação a esses aspectos muito antes que a maioria das crianças que não tenham tido nenhuma experiência desse tipo tão continuada.

No momento de graduar os conteúdos e as exigências, devemos considerar todos os referentes (os aspectos evolutivos, a experiência profissional, o PCE, a programação, etc.). Contudo, não podemos descuidar nunca de um elemento fundamental e indispensável que, se bem utilizado, não nos há de trair: trata-se da **observação** e da **avaliação**. Nesse sentido, é importante, por exemplo:

- observar o que acontece, o que as crianças fazem na realidade quando se propõe uma determinada atividade;

- verificar se isso lhes apresenta dificuldades e de que tipo são;

- avaliar se, apesar das dificuldades, elas têm interesse e constância para testá-la;

- verificar se, talvez, não se tenha suposto uma aprendizagem nova porque já tinham alcançado os conteúdos que lhes havíamos proposto, talvez por causa de experiências extraescolares anteriores.

dica

Em caso de dúvidas, de discussão sobre se é ou não o momento adequado para propor determinados conteúdos ou atividades, é conveniente criar **situações de observação**, ou seja, preparar atividades para observar e avaliar suas competências ou dificuldades e, em consequência, decidir.

Este é, segundo Eleonor Duckworth, o dilema de aplicar Piaget (DUCKWORTH, 1988, p. 62-63): "[...] ou ensinamos muito adiantado e não podem aprender, ou bastante tarde e já conhecem o que queremos ensinar". Às vezes, nessa etapa, por causa da interpretação que se faz de certas teorias, tem-se bastante medo de propor determinadas atividades ou determinados conteúdos para os quais se pensava que as crianças não estavam preparadas, sem considerar que, se o fizermos respeitando e observando o comportamento das crianças, elas nos mostram suas competências e suas limitações.

A aprendizagem não é uma questão de tudo ou nada, e não se deve ter medo, na escola, de apresentar informações, conhecimentos ou experiências que as crianças talvez não entendam (com certeza...) como nós esperamos ou entendemos. O importante, em tais situações, é que tenhamos uma atitude de observação, de questionamento, de curiosidade; que não esperemos que todas façam o mesmo nem que cheguem a realizações idênticas.

> **importante** »
>
> Ao adotar uma postura de curiosidade, devemos observar o que as crianças **fazem** realmente, o que nos **perguntam**, como **se comportam**; a partir dessa observação, é possível detectar seus conhecimentos e suas habilidades para poder propor novas atividades.

Não se deve ter medo no sentido de que, se respeitarmos as diferenças individuais e observarmos o que as crianças fazem, poderemos ver o quanto podemos exigir de cada criança ou o que lhe podemos propor para que avance no seu processo. Se propusermos atividades abertas com materiais e recursos diferentes e observar o que fazem, dizem, comentam, imitam, testam... certamente teremos mais surpresas sobre o que não havíamos pensado.

Para concluir gostaríamos de relativizar o absurdo, a partir dessa perspectiva, de certas ideias bastante estanques e um pouco rígidas (ver Quadro 4.9).

Quanto às afirmações do Quadro 4.9, temos uma perspectiva duvidosa e, portanto, questionadora. Devemos ter claro que, na escola, podemos e devemos decidir em que momento introduzir determinados conteúdos ou atividades, desde que isso sempre seja questionado, atendendo às evoluções e às diferentes necessidades do grupo de crianças. Além disso, o que se entende por ensinar a ler, ensinar a escrever, ensinar a contar, ensinar a ser autônomo, nem sempre é o mesmo para todos, já que depende sobretudo da maneira como se faz e se propõe.

QUADRO 4.9 ▶ ALGUMAS AFIRMAÇÕES QUESTIONÁVEIS EM RELAÇÃO A CERTOS CONTEÚDOS E APRENDIZAGENS

- ▶ Não se deve ensinar a ler e a escrever antes dos 6 anos.
- ▶ Na etapa de educação infantil, somente se deve trabalhar o meio imediato e próximo.
- ▶ As mães e os pais não devem ensinar a ler nem a escrever, já que isso interfere no que as crianças aprendem na escola. (Aprender nunca interfere, em todos os casos as crianças aprendem que existem maneiras diferentes de ensinar e, talvez, durante um determinado período, terão diferentes visões da língua escrita.)
- ▶ A letra cursiva deve ser introduzida em determinado momento, nem antes nem depois.
- ▶ Nessa idade, deve-se contar, operar e manipular somente até 10.

▶ **Critérios derivados da análise do contexto**

importante »

Na escola, devem-se favorecer experiências que complementem e enriqueçam o que as crianças possam ter fora da escola. Pode-se conseguir isso ao fazer uma análise concreta da situação do contexto familiar e social das crianças em relação aos conteúdos dessa área, para proceder a sua priorização e ordenação.

Em determinado contexto, deve ser priorizado todo o trabalho de incentivo a alguns hábitos de higiene e de limpeza, trabalho este que possa repercutir também no âmbito familiar. Em outro contexto, no qual as famílias praticamente não utilizem a língua escrita, devem-se estimular atividades nas quais as crianças possam descobrir e ver a utilidade e a funcionalidade desse sistema de comunicação e expressão, evitando enfoques pouco significativos que não motivem a curiosidade e o interesse.

SEQUENCIAÇÃO DE CONTEÚDOS E UNIDADES DE PROGRAMAÇÃO

A maneira como concretizamos a sequenciação na escola pode ser diferente. Isso pode ser feito, por exemplo, a partir dos conteúdos das diferentes áreas. Outra forma muito interessante de trabalhar nessa etapa é a partir das grandes unidades de programação. Nesse caso, trata-se de sequenciar os objetivos em relação às atividades ou às unidades de programação trabalhadas nos diferentes níveis do ciclo.

▶ **A sequenciação das unidades de programação no decorrer do curso escolar**

Existem determinados critérios que, frequentemente, são considerados e que nos parecem, em geral, suficientemente adequados para o ensino nessa idade. O Quadro 4.10 faz referência a alguns desses critérios que podem servir de orientação e são muito característicos da etapa.

COMO O FAZEMOS? A METODOLOGIA DE TRABALHO NA ESCOLA E NA SALA DE AULA

Das três fases ou momentos que compõem a prática – o **planejamento**, a **atuação** e a **revisão** –, o PCE pode incidir, especialmente, na primeira e na última, uma vez que são as que podem ser feitas em equipe, analisando, comparando e revisando a atuação na escola.

QUADRO 4.10 ▶ CRITÉRIOS PARA A SEQUENCIAÇÃO DAS UNIDADES DE PROGRAMAÇÃO AO LONGO DO CURSO

Critérios a respeito da relação da criança com a escola	É preciso considerar o início da relação da criança com a escola, o processo de adaptação e a necessidade de fazer atividades que facilitem esse processo gradual. Nesses momentos, é preciso que planejemos como se fará esse processo e propor atividades para que a criança possa conhecer e familiarizar-se com: ▶ a nova escola; ▶ os novos companheiros e companheiras; ▶ as pessoas que lá trabalham; ▶ a nova professora; ▶ etc. Também no final do ano letivo, é necessário propor determinadas questões para trabalhar, como: ▶ a mudança de sala; ▶ a mudança da professora; ▶ os novos companheiros e as companheiras; ▶ o reencontro com os companheiros e as companheiras do ano passado; ▶ etc.
Critérios em relação às atividades sociais significativas, às festas e às celebrações tradicionais	Há determinadas festas e fatos sociais que devem ser considerados na hora de fazer a programação e que, nessa idade, ajudam a organizar as atividades (o Natal, o carnaval, etc.).

Critérios em relação às mudanças climatológicas que influem nos costumes e no estilo de vida

As mudanças climatológicas interferem no nosso estilo de vida, nas nossas atividades e na nossa maneira de vestir. Sem interpretar isso como as tradicionais unidades didáticas sobre as estações que, às vezes, são trabalhadas de uma maneira pouco significativa e pouco interessante, há determinados conteúdos que, por causa de tais mudanças, podem ser vivenciados e desenvolvidos de uma maneira muito diversa e significativa. Entre as diferentes maneiras, destacamos:

- observação das mudanças na natureza e nas nossas sensações (frio e calor);
- estabelecimento de relações entre o clima e as atividades que fazemos (excursões, praia, neve, esqui, tipos de vestimenta, etc.);
- estabelecimento de comparações entre situações ou fenômenos;
- constatação de mudanças e de regularidades no clima e nos outros costumes.

Critérios em relação aos acontecimentos sociais, políticos ou do contexto mais próximo

Trata-se de considerar os fatos sociais, familiares ou políticos do contexto em que vivemos. Às vezes, são fatos não previstos, informações que produzem alterações na sociedade em determinado momento, por exemplo:

- um acidente transmitido pela televisão;
- as consequências de certos fenômenos atmosféricos em determinado lugar; ou
- a chegada ou o nascimento de novos animais em um zoológico ou em uma granja.

Outras vezes, são fatos que podemos prever e antecipar, por exemplo:

- a chegada do circo no bairro;
- o nascimento do irmão de um aluno;
- a construção de um edifício ao lado da escola; ou
- o plantio de árvores na praça do bairro.

Todas essas questões são fatos que as crianças vivem em seu ambiente familiar ou por meio dos meios de comunicação e que têm um grande potencial de favorecer o estabelecimento de relações mais significativas entre os conhecimentos e as experiências que a criança tem na família, no ambiente e na escola.

No momento de elaborar o PCE, temos que considerar:

- o que fazemos;
- o que queremos fazer;
- o que queremos modificar; e
- o que decidimos conjuntamente fazer.

Portanto, existem elementos muito importantes de **planejamento**, porém também de **revisão crítica** e de **alteração**. Parece uma lástima não aproveitar esse momento de análise e de revisão da prática e não introduzir o elemento de alteração ou melhoria da nossa prática.

dica

Seria muito interessante coletar e refletir em equipe sobre os critérios de que se dispõe em nível de escola para fazer a análise e a revisão da prática. Assim, no PCE, propomos que se coletem e constem elementos ou instrumentos que sirvam para analisar e revisar a prática que fazemos em aula. Pode ser através de **pautas, questionários, perguntas** ou **instrumentos diversos** mediante os quais possamos analisar a prática de maneira individual ou em grupo.

Os instrumentos para a análise da prática, evidentemente, devem ser coerentes com os critérios metodológicos que temos e com o projeto global. Em qualquer caso, será necessário revisá-los, modificá-los ou ampliá-los em função das prioridades e das maneiras de fazer de cada escola.

Deixando de lado o aspecto de revisão e de análise, que consideramos básico e muito interessante, abordaremos os diferentes aspectos que o PCE poderia conter em relação ao ensino na escola. Trata-se de explicitar os acordos, em nível de equipe, em relação a diferentes pontos. Sugerimos, a seguir, alguns que consideramos úteis ou convenientes:

- Como se entende a educação e a aprendizagem na escola? Princípios de intervenção educativa.
- Tipos de atividades priorizadas na escola.
- Metodologias mais utilizadas.
- Tipos de intervenção da educadora e tipos de interação com as crianças.
- Critérios em relação à interação entre as crianças e tipos de agrupamentos.
- Critérios em relação à organização do tempo e da jornada, da semana ou do curso escolar.
- Critérios em relação à utilização e à organização dos espaços.

▶ Como se entende a educação e a aprendizagem na escola? Princípios de intervenção educativa

O Quadro 4.11 apresenta alguns critérios para a intervenção educativa na educação infantil.

QUADRO 4.11 ▶ CRITÉRIOS PARA A INTERVENÇÃO EDUCATIVA NA EDUCAÇÃO INFANTIL

Em todo momento, devem-se considerar os **aspectos afetivos e relacionais** que possibilitarão às crianças sentirem-se bem na escola e terem vontade de aprender e de participar nas atividades que se realizam. É indispensável que as crianças sintam confiança em suas possibilidades e nas pessoas adultas de quem dependem. Assim, deve-se estimular, por meio de todas as tarefas e relações, a formação de um autoconceito positivo e de autoestima.

Devem-se considerar, também, a importância fundamental que têm os **indivíduos mais capazes (pais, mães, professores, companheiros e companheiras maiores, etc.)** no processo de desenvolvimento e aprendizagem das crianças. Isso se concretiza na relação de andaimes e na aprendizagem compartilhada que tende à autonomia da criança.

É necessário conhecer o nível de desenvolvimento das crianças, **seus conhecimentos e suas experiências prévias** em relação às situações e aos conteúdos proporcionados na escola.

É importante incidir no **nível de desenvolvimento potencial das crianças**, tal como denomina Vygotsky. Isso significa incidir e criar situações de aprendizagem que a criança talvez não possa resolver sozinha, mas sim com a ajuda da professora ou com a colaboração das outras crianças mais competentes, e que lhe permitem aprofundar suas capacidades.

Devem-se criar situações nas quais as crianças tenham que interagir, colaborar e cooperar com **os companheiros e as companheiras** para aprenderem a relacionar-se e respeitar, a fim de incidir na zona de desenvolvimento potencial.

É preciso criar situações nas quais a criança possa atuar e experimentar com **os objetos e os diversos materiais**.

É importante criar situações em que **o papel da imitação e o jogo simbólico** tenham todo seu alcance como ferramentas de desenvolvimento cognitivo e pessoal.

Deve-se procurar equilibrar os aspectos de novidade com o componente indispensável, nesta idade, **de reiteração e de rotina**.

É preciso trabalhar a partir de **enfoques globalizadores** e, sobretudo, incentivar as crianças a realizar **aprendizagens globalizadas**, de maneira que possam estabelecer relações significativas e funcionais entre as coisas que aprendem.

É necessário aceitar e atender à **diversidade**, isto é, aceitar e dar atenção às diferentes necessidades, ritmos e maneiras de fazer das crianças na aula.

para saber +

Além dos critérios apresentados no Quadro 4.11, também é importante destacar que, apesar de não haver uma única metodologia nessa etapa, nem se poder ser rígido nesse sentido, existem determinados objetivos ou conteúdos dos novos currículos que, por eles mesmos, já impõem uma metodologia própria (ANTÚNEZ et al., 1991).

Determinados procedimentos ou atitudes, que talvez antes fossem opções metodológicas, na educação infantil passam a ser considerados conteúdos que devem ser ensinados e priorizados, por exemplo:

- a exploração;
- a experimentação;
- a autonomia nos hábitos de higiene;
- a colaboração com os companheiros;
- a participação; e
- o respeito.

Isso determina que tais conteúdos não mais sejam opções discutíveis, mas verdadeiros **conteúdos de ensino** que, sem dúvida, deverão ser trabalhados. Como dizem Del Carmen e Zabala (1991, p. 70) na publicação já comentada:

> Isso quer dizer que muitas das atividades que devam ser realizadas e que até agora eram consideradas opções metodológicas (a observação direta, a experimentação, o trabalho em grupo, a realização de projetos, etc.) converteram-se em conteúdos de aprendizagem, substituindo a velha questão de se é preciso ou não fazê-lo pela questão de como podemos fazê-lo bem. Portanto, muitas das decisões que até agora podíamos considerar como metodológicas não o são, mas estão determinadas pelos mesmos objetivos gerais da etapa e da área.

Um critério metodológico muito importante na etapa de educação infantil é o de assegurar **a comunicação e a colaboração educativa entre os pais e professores**. Nesse contexto, queremos, aqui, destacar a perspectiva de como é preciso ensinar e da necessidade de encontrar maneiras e canais fluidos de comunicação e de colaboração educativa.

No que concerne ao PCE, podemos considerar alguns aspectos e tomar decisões – ou coletá-las, no caso de já terem sido tomadas – na relação com a colaboração e o envolvimento das famílias em nossa programação, conforme apresentado no Quadro 4.12.

Os aspectos listados no Quadro 4.12, entre outros, devem ser considerados quando se quiser chegar a acordos no PCE sobre a relação e a colaboração que se pretende alcançar com as famílias.

QUADRO 4.12 ▶ ASPECTOS A SEREM LEVADOS EM CONTA REFERENTES À COLABORAÇÃO E AO ENVOLVIMENTO DAS FAMÍLIAS NA EDUCAÇÃO INFANTIL

A presença das mães e dos pais na escola, em:

- ▶ chegadas e saídas;
- ▶ colaborações nas festas e celebrações;
- ▶ orientações para o processo de adaptação;
- ▶ etc.

A colaboração solicitada ou oferecida quando estamos trabalhando determinados aspectos que envolvem muito diretamente a família e a escola, como:

- ▶ os hábitos de alimentação;
- ▶ o controle do esfíncter;
- ▶ os hábitos de descanso.

A convivência em determinados momentos ou com determinadas crianças de trazer objetos ou brinquedos de casa para a escola e vice-versa, os critérios da escola como uma equipe e as pautas ou os canais para fazê-lo.

As celebrações de aniversário, as orientações e os critérios nesse sentido, bem como o envolvimento e a participação das famílias.

As informações dadas às famílias sobre a programação, as atividades e os conteúdos trabalhados na escola, para que as crianças vejam uma continuidade e possam estabelecer relações mais significativas entre o que aprendem na escola e o que aprendem em casa, por exemplo:

- ▶ caderneta de comunicação diária (agenda);
- ▶ trabalhos que as crianças levem para casa;
- ▶ presença dos pais e das mães na sala de aula para ver as produções das crianças.

As informações que os pais e as mães podem trazer para comunicar qualquer assunto que se acredite conveniente sobre o seu filho ou a sua filha, por exemplo:

- ▶ se passou a noite mal;
- ▶ se foi ao circo;
- ▶ se tomou um medicamento;
- ▶ se virão buscá-lo mais cedo.

▶ Tipos de atividades priorizadas na escola

Trata-se de reunir e de colocar em comum as atividades consideradas mais significativas ou às quais se dedica uma parte importante da jornada escolar. São unidades de programação de diferentes tipos, realizadas nos diferentes níveis de maneira mais ou menos sistemática, em relação às quais se quer aprofundar e chegar a acordos comuns.

> **dica**
>
> Nas escolas de educação infantil, muitas das atividades consideradas significativas podem ser planejadas ou revisadas conjuntamente e permitem ir concretizando o currículo oferecido às crianças.

É importante analisar quais são as atividades priorizadas na escola e a maneira como se propõem. Pode-se fazer referência, por exemplo:

- ▶ às rotinas (as chegadas e as saídas, o momento da refeição, a troca de fraldas e o período de dormir);
- ▶ à rodinha;
- ▶ aos diferentes cantinhos;
- ▶ às festas tradicionais;
- ▶ a determinados projetos aos quais se dá uma importância especial (a eleição do nome da sala, os espaços da escola, os companheiros e as companheiras, as famílias, etc.);
- ▶ ao processo de adaptação; e
- ▶ a outras situações que se considerem especialmente significativas.

Como já explicamos na seção sobre a sequenciação, a partir do trabalho e da discussão sobre tais atividades, também podemos realizar a sequenciação dos conteúdos e dos objetivos que irão concretizando-se e contextualizando-se em cada idade ou nível.

▶ Metodologias mais utilizadas

As concepções que nos guiam e que estamos expondo sobre os processos de desenvolvimento e aprendizagem não implicam, assim como disse Coll (1986), uma determinada metodologia. Pensamos que não se pode ser rígido nessas questões e que, em princípio, não existam boas ou más metodologias por si só; tudo depende da maneira como a aplicamos e da capacidade de observar e avaliar seus efeitos e sua utilização, segundo o que nos mostram as crianças e os efeitos que conseguimos em aula.

> **importante** »
>
> Não existe metodologia boa ou ineficiente, boas ou más maneiras de aplicá-la. É preciso escolher a metodologia de acordo com os **objetivos** e as **finalidades** que se propõe e desenvolver **estratégias de observação** para avaliar, depois, o que realmente acontece em aula e os comportamentos e as atitudes dos meninos e das meninas.

As metodologias e, sobretudo, a maneira de usá-las, estão muito relacionadas com os objetivos e as finalidades gerais que pretendemos alcançar. Por exemplo, se pretendermos que as crianças sejam curiosas, participem, sejam ativas e desenvolvam sua iniciativa e autonomia, deveremos:

- propor atividades abertas;
- aceitar as mudanças, as propostas e as perguntas que as crianças nos propõem;
- deixar que elas participem do plano das atividades; e
- ser flexíveis e receptivos a suas propostas ou dificuldades.

Por outro lado, se pretendermos que as crianças sejam disciplinadas, aprendam a escutar e a seguir instruções, sendo executoras fiéis do que lhes solicitamos, então apresentaremos propostas mais fechadas. Nessas atividades, a iniciativa e a autonomia não são necessárias, mas é preciso que as crianças:

- estejam muito atentas;
- compreendam bem as orientações dadas pela pessoa adulta; e
- sigam fielmente as instruções do adulto.

Caso se pretenda que as crianças sejam mais ativas, pode parecer mais adequado uma organização da sala mais descentralizada (cantinhos ou oficinas), com priorização de atividades abertas que estimulem a iniciativa, a atividade e a autonomia das crianças. Caso a intenção seja que as crianças sejam mais disciplinadas, talvez seja necessário optar por metodologias mais centralizadas e diretivas que estimulem a intenção e a execução fiel de instruções.

Certamente, os dois objetivos dos exemplos anteriores, bem como as metodologias, não são de todo excludentes, porém, é preciso complementá-las, considerando o objetivo que temos na etapa, para priorizar os enfoques metodológicos que favoreçam a curiosidade, a participação e a iniciativa.

atenção

Como dissemos, conforme a concepção construtivista de ensino e aprendizagem, não existe um único método para conseguir que as crianças aprendam de maneira significativa. Contudo, não se está afirmando que tudo é válido. Nem todos os tipos de intervenção são apropriados.

Solé (1991) reitera que nem todo tipo de intervenção é válido na educação infantil:

> A partir dessa perspectiva se excluem os enfoques metodológicos baseados em homogeneização; os que tornam impossível a intervenção ativa do aluno e a observação desta intervenção por parte do professor no decorrer das sequências didáticas; os que utilizam recursos materiais uniformes, seja qual for o conteúdo que se trate ou o nível de conhecimentos prévios dos alunos [...] Resumindo, a explicação construtivista não admite as propostas nas quais as características dos alunos devem ser subordinadas às características do ensino e defende todo o contrário.

Portanto, em relação a essas questões, é preciso que a equipe defina quais são as metodologias que considera importantes e que caracterizam sua maneira de fazer e de intervir. Referimo-nos à opção que a escola pode fazer, definindo-se por determinadas metodologias e maneiras de trabalhar.

Por exemplo, quando a equipe se orienta por uma metodologia de trabalho por meio de projetos ou de cantinhos, deve definir claramente e colocar-se de acordo em relação aos seguintes aspectos:

- a maneira de realizar esse trabalho;
- como se entende esse trabalho;
- as características de organização do trabalho;
- o funcionamento do trabalho;
- o tipo de intervenção;
- a relação que se estabelece; e
- os critérios ou pautas de avaliação que se utilizam.

> **dica**
>
> Também podemos abordar os critérios metodológicos em relação às **áreas** ou a **determinados conteúdos**, como, por exemplo:
>
> ▶ a aprendizagem da língua escrita;
>
> ▶ o descobrimento e o conhecimento do ambiente; ou
>
> ▶ as habilidades e as destrezas motoras.

TIPOS DE INTERVENÇÃO DA EDUCADORA E TIPOS DE INTERAÇÃO COM AS CRIANÇAS

Os referentes teóricos que adotamos em relação a tais questões e que destacamos são fundamentais na intervenção e na interação dos adultos ou dos companheiros mais competentes no processo de aprendizagem e desenvolvimento das crianças. Com relação a esses temas, deveremos discutir, revisar e chegar a acordos sobre o tipo de relação e de interação que estabelecemos com as crianças. Muitas são as questões que, neste item, podem ser discutidas e refletidas. Algumas delas são apresentadas a seguir.

▶ É preciso estabelecer uma relação individualizada com cada uma das crianças?

- Como fazer isso?
- Quais são os momentos mais adequados para fazê-lo?

▶ Quais são os momentos que consideramos os mais adequados para ter uma relação mais próxima e individualizada e ajudar aquelas crianças que mais necessitam?

▶ Devemos manter uma certa distância ao mesmo tempo que organizamos as situações e cuidamos das necessidades das crianças?

▶ Podemos jogar/brincar com as crianças, como se fôssemos mais um integrante?

- Como fazer isso?
- Em que momentos?

▶ Pensamos que é importante a interação com as crianças nos pequenos grupos para poder falar e escutar de maneira mais próxima e descontraída?

- Como nos organizamos para fazê-lo?

▶ É conveniente explicar às crianças assuntos pessoais nossos, de nossos filhos ou de nossa família, ou é melhor não o fazer?

- Pensamos que isso serve para estabelecer uma relação mais próxima?

▶ Com relação a que atividades ou conteúdos pensamos que é necessário estabelecer uma interação próxima com os meninos e as meninas?

▶ Devemos compartilhar aspectos do planejamento e da decisão das atividades que fazemos com as crianças?

- Quais decisões elas podem tomar?
- Em quais tarefas de gestão e funcionamento de aula elas podem colaborar?

CRITÉRIOS EM RELAÇÃO À INTERAÇÃO ENTRE AS CRIANÇAS E TIPOS DE AGRUPAMENTOS

Levando em conta os referentes citados anteriormente, consideramos que a interação entre as crianças, entre os companheiros nos momentos de aprendizagem e de jogo é decisiva e possui algumas consequências vitais em sua aprendizagem e evolução. Algumas sugestões de questões a partir das quais se poderá tomar decisões e chegar a acordos são apresentadas a seguir.

▶ É conveniente que as crianças falem enquanto jogam ou trabalham?

- Em todas as atividades?
- Em quais atividades consideramos mais conveniente e em quais procuramos que haja um trabalho mais individual?

▶ É preciso que as crianças façam atividades juntas, em duplas ou em pequenos grupos?

- Quais momentos ou atividades destinamos a isso ou pensamos ser os mais adequadas?

▶ Nos momentos de interação e de relação entre as crianças, qual o papel da professora?

- Como ela deve intervir (p. ex., controlar, ajudar, interagir com os pequenos grupos)?

▶ É positivo que as crianças olhem e imitem-se entre si?

- Devemos estimular essa atitude?

- Em quais momentos a consideramos mais conveniente?
- Devemos intervir se uma criança faz isso sistematicamente?
- Como devemos intervir?
▶ Como organizamos o espaço e as mesas para favorecer a interação?
- Que tipo de interação nos parece mais interessante estimular, segundo o cantinho onde estejam jogando (experimentação, casinha, grafismos, construções/montagens, circuito de carros, contos, etc.)?

CRITÉRIOS EM RELAÇÃO À ORGANIZAÇÃO DO TEMPO E DA JORNADA, DA SEMANA OU DO CURSO ESCOLAR

dica

No que se refere aos critérios relativos à organização do tempo, pode-se discutir se existe ou se é preciso existir uma proposta com horário marcado na jornada e/ou na semana, considerando a presença de diferentes atividades e a indispensável flexibilidade em relação a esses aspectos na etapa da educação infantil.

CRITÉRIOS EM RELAÇÃO À UTILIZAÇÃO E À ORGANIZAÇÃO DOS ESPAÇOS

Na hora de utilizar e tomar decisões sobre o uso e a organização dos espaços, podemos sugerir que sejam analisados os diferentes espaços da escola, como:

▶ salas de aula;

▶ vestiário;

▶ sala de motricidade;

▶ pátio;

▶ cozinha;

▶ corredor; e

▶ dormitório.

Nessa análise, devem ser consideradas as questões constantes no Quadro 4.13 em relação a cada espaço ou sala.

Em uma escola na qual colaboramos, trabalhamos as questões do Quadro 4.13 em um momento em que interessava especialmente para a equipe esclarecer e colocar em comum a utilização do espaço. Dessa maneira, a equipe foi analisando o uso e as características dos diferentes espaços e foi entrando em consenso quanto a seu sentido e seu funcionamento.

QUADRO 4.13 ▸ CRITÉRIOS EM RELAÇÃO À UTILIZAÇÃO E À ORGANIZAÇÃO DOS ESPAÇOS

1. Finalidades básicas de utilização do espaço	Finalidades e conteúdos educativos considerados nesse espaço (pode-se fazer referência aos objetivos gerais da escola ao concluir o ciclo ou a etapa ou nas diferentes capacidades).
2. Tipos de atividades realizadas	Atividades que normalmente são realizadas.
3. Tipos de intervenções das educadoras: responsabilidades	Intervenções das educadoras ou das pessoas adultas, por exemplo: ▸ de controle; ▸ de vigilância; ▸ de interação; ▸ de proposta; ▸ para incentivar as relações entre as crianças. Esclarecimento das responsabilidades, especialmente nos espaços comuns ou compartilhados.
4. Organização e distribuição do espaço: cantinhos, materiais e mobiliário	Organização do espaço. Cantinhos ou pequenos espaços que existem ou que se pensa em fazer. Mobiliário e material. Critérios e responsabilidades no uso, na conservação e no cuidado com o material.
5. Normas de utilização e de distribuição do tempo	Estabelecimento, se necessário, da previsão ou do planejamento em relação ao uso de determinados espaços comuns ou polivalentes (horários em que se pode utilizá-los, momentos nos quais não se considera adequado seu uso, etc.).

COMO REVISAR E AVALIAR NOSSA PRÁTICA? COMO PROPOR A AVALIAÇÃO NA ESCOLA?

Com relação ao PCE, por último, queremos apresentar elementos e critérios da equipe em relação à avaliação e como a realizamos na escola.

definição ▼

> A avaliação é um instrumento de que dispomos para melhorar o ensino a partir da **observação** dos processos e da aprendizagem dos alunos e com a **análise** e a **revisão** das propostas didáticas que fizemos.

Na avaliação, revisamos e avaliamos tanto o processo que o aluno faz quanto nossas propostas educativas. No PCE, é necessário explicitar os critérios ou algumas perguntas que servem às educadoras e aos educadores para revisar e analisar a própria prática, considerando os critérios educativos da escola em que estivermos. Ao mesmo tempo, é preciso colocar-se de acordo e explicitar os critérios, os instrumentos e os tipos de avaliação que se realiza para avaliar os progressos e a aprendizagem das crianças.

Para guiar essa reflexão, serão apresentadas a seguir, diferentes perguntas em torno das quais a equipe educativa pode começar sua discussão e sua reflexão.

▶ Que função tem a avaliação na nossa escola?
- Como a entendemos?
- Quais são as diferentes finalidades da avaliação que realizamos?

▶ Quais são os referentes que utilizamos para avaliar as crianças e os seus progressos?

▶ Como fazemos a avaliação?
- Em quais momentos a realizamos?
- Quais instrumentos temos ou elaboramos para realizar a avaliação que pretendemos fazer?

▶ Como consideramos a atenção à diversidade no processo de avaliação das crianças?

▶ Como fazemos as crianças participarem do processo de avaliação?

- Como favorecemos e estimulamos para que possam começar a regular sua atuação e avaliem-se elas próprias?
- Como comunicamos a avaliação que nós, professores e professoras, fazemos?

▶ Como os pais também podem participar desse processo de valorização compartilhada, contrastando o que veem em casa com o que observam na escola?

- Como informamos aos pais dos progressos de seus filhos e de suas filhas?
- Quais entrevistas e/ou informes realizamos?
- Com que periodicidade fazemos essas entrevistas e/ou informes?

▶ Que critérios temos para promover as crianças de ciclo?

A partir dessas questões e de outras que podem ser formuladas, a equipe educativa deve discutir e estabelecer consenso sobre todos esses aspectos para garantir um processo de avaliação coerente e que possibilite uma revisão e uma melhoria da ação educativa na escola.

para saber +

BASSEDAS, E.; HUGUET, T.; SOLÉ, I. *Aprender e ensinar na educação infantil*. Porto Alegre: Artmed, 1999.

REFERÊNCIAS

ANTÚNEZ, S. et al. *Del projecte educatiu a la programació d'aula*. Barcelona: Graó, 1991.

COLL, C. *Marc curricular per a l'ensenyament obligatori*. Barcelona: Generalitat de Catalunya. Departament d'Ensenyament, 1986.

DARDER, P. et al. *Avaluació de Centres d'Educació Infantil (ACEI)*. Barcelona: Dossiers de Rosa Sensat, 1994.

DEL CARMEN, L. El proyecto curricular de centro. In: MAURI, T. et al. *El curriculum en el centro educativo*. Barcelona: ICE/ Horsori, 1990.

DEL CARMEN, L. *La planificació de cicle i curs*. Barcelona: Graó/ICE, 1994.

DEL CARMEN, L.; ZABALA, A. *Guía para la elaboración, seguimiento y valorización de proyectos curriculares de centro*. Madrid: CIDE-MEC, 1991.

DUCKWORTH, E. *Cómo tener ideas maravillosas*. Madrid: Visor/MEC, 1988.

MCLAUGHLIN, M. Ambientes institucionales que favorecen la motivación y productividad del profesorado. In: VILLA (Coord.). *Perspectivas y problemas de lafunción docente*. Madrid: Narcea, 1988.

ORGANIZACIÓN PARA LA COOPERACIÓN Y EL DESAROLLO ECONÓMICO. *Escuelas y calidad de la enseñanza*: informe internacional. Barcelona: Paidós/MEC, 1991.

SOLÉ, I. ¿Se puede enseñar lo que se ha de construir? *Cuadernos de Pedagogía*, n. 188, p. 33-35, 1991.

ZABALA, A. La función social de la enseñanza. Referente básico en la organización y secuenciación de contenidos. *Aula de Inovación Educativa*, n. 23, p. 40-48, 1994.

>> 5

Na escola, o futuro já não é o passado, ou é. Novos currículos, novos materiais

JAUME MARTÍNEZ BONAFÉ

habilidades e competências

>> Comparar as implicações pedagógicas e curriculares decorrentes dos dois diferentes cenários apresentados ao longo do capítulo.

>> Aplicar o conceito de praxiologia ao desenvolvimento de materiais curriculares.

>> Relacionar as experiências e vivências que os indivíduos têm na cidade com a ideia de currículo da escola do futuro.

>> Definir os novos materiais curriculares segundo a perspectiva da cidade como experiência cultural e currículo.

neste capítulo você estudará:

>> Dois cenários possíveis para a escola do século XXII.
>> Postulados sobre o currículo da escola do futuro.
>> Os novos materiais curriculares como praxiologia.
>> O caso do Humanities Curriculum Project (HCP).
>> A cidade como experiência cultural e currículo.

INTRODUÇÃO

Não me atrevo a imaginar como será a escola do século XXII. Alguém pode se atrever com os transportes, a comunicação ou a medicina, mas ser um Isaac Asimov da pedagogia é muito arriscado, porque falamos de uma prática institucional que pode permanecer inalterável enquanto tudo se desmorona a seu redor. Contudo, obrigado ao esforço, me vêm à mente dois cenários:

> ▶ no primeiro, o mundo caminha em uma direção e incorpora as novidades que produz, enquanto a escola se fecha em uma espécie de autismo teimoso, sem capacidade para novas adaptações, enfim, algo assim como o que viemos conhecendo há séculos, **a imobilidade institucional nas formas de reprodução cultural**;

> ▶ no segundo, pelo contrário, tudo pode ser diferente, e talvez os muros insondáveis da escola desapareçam para **dar lugar a outras formas de relação do sujeito com o conhecimento**.

Em cada um desses cenários, há implícita uma teoria do currículo e, portanto, uma teoria do texto que concretiza e apresenta o currículo, ou seja, uma teoria dos materiais e recursos para o desenvolvimento curricular. Vejamos uma descrição desses cenários em tom de livro-texto.

para saber +

Isaac Asimov (1920-1992) foi escritor de ficção científica e professor de bioquímica. Nasceu na cidade de Smolensk, na Rússia, mas logo se mudou com sua família para os Estados Unidos. É considerado um dos maiores teóricos em robótica. Em 1964, o jornal *The New York Times* convidou-o a fazer previsões para o ano de 2014, e Asimov acertou bastante. Afirmou, por exemplo, que nesse ano a maioria das pessoas possuiria um computador em casa.

PRIMEIRO CENÁRIO: NOVAS TECNOLOGIAS, VELHAS PEDAGOGIAS

Júlia chega à escola com sua mochila repleta de bugigangas tecnológicas que a fazem curvar a coluna ao subir as escadas. Entra na sala com seus colegas de curso, seguida do professor de ciências naturais. Uma grande tela é ligada, e o professor pede aos alunos que peguem seus livros-texto. Os estudantes retiram de suas mochilas alguns livros eletrônicos e escolhem o de ciências. Na tela, se lê "Lição 17", e à continuação começa o estudo do tema "A célula".

O professor lê e explica, enquanto aparecem na tela as diferentes páginas que os alunos também seguem em seus respectivos livros. Com um artefato incluído no livro, eles vão fazendo um sublinhado luminoso nas ideias principais do texto, as quais estudarão para o teste. Finalmente, corrigem os exercícios no próprio livro de cada aluno, que incorpora um lindo teclado digital.

Mais tarde, na sala dos professores, um tal Álvarez se queixa de que os alunos tomem os livros por matérias. Como alternativa, ele propõe uma grande enciclopédia eletrônica que compreenda o conjunto de matérias do currículo.

Outro professor que andava por ali, com um copinho de plástico fumegante, diz que o que se deveria fazer é uma revisão profunda do conceito de cultura, de conhecimento escolar e de currículo, e que não pode ser que, em pleno século XXII, estejamos ainda como na época das catedrais e dos mosteiros, com um único texto anunciando as verdades que deverão ser aprendidas e reproduzidas. Contudo, parece que ninguém lhe dá muita atenção, porque, ao mesmo tempo, um grupo compartilha queixas sobre a condição obsoleta dos computadores da escola e sobre a incógnita de quando virão renovar o equipamento.

A grande tela é ligada a cada dia, aula por aula, e nela o conhecimento socialmente desejável, tal como foi apresentado e empacotado em formato digital pela empresa Santarrana Global Media (SGM), chega à sala para consumo dos professores e alunos. No entanto, quando Júlia fecha seu computador portátil, sai para a rua, chega à sua casa e larga a mochila escolar, um complexo fluxo de informações diversas cruzam sua experiência de vida:

- ▶ os anúncios eletrônicos nas ruas;
- ▶ os táxis-televisão;
- ▶ os semáforos com telas publicitárias para entreter a espera dos motoristas;
- ▶ os telefones-lâmina, incorporados aos vestidos;
- ▶ entre outras centenas de artifícios e sistemas.

para refletir !!!

Por que continuar a narrativa sobre este primeiro cenário? O leitor pode imaginar qualquer cenário escolar em que permanece inalterável o conceito hegemônico de cultura, de conhecimento escolar e de currículo, tal como hoje o conhecemos. Nesse contexto discursivo, tanto faz se os materiais curriculares mudam sua forma conforme as novas tecnologias são incorporadas, porque o essencial permanece inalterável.

SEGUNDO CENÁRIO: NOVOS TERRITÓRIOS DE ESCOLARIZAÇÃO – A CIDADE COMO LIVRO-TEXTO

Júlia está com sua professora e um grupo de colegas à porta de um supersônico centro comercial, que, nos planos da cidade, aparece com o nome de "A alegria da horta". Eles tratarão de desconstruir uma experiência comum – costumam passar em grupo os fins de semana entre o labirinto de imagens e objetos de consumo – analisando os significados que se constroem em relação a essa experiência.

Outro grupo se encontrou com o educador social do bairro, para continuar a sessão de diferentes culturas ao redor da gastronomia. Nesta manhã, Abdalha apresentava, junto à sua mãe, uma proposta sobre o cuscuz.

Na escola, que é como um grande **centro coordenador de projetos de pesquisa**, ficou outro grupo, que esta manhã comentaria, por videoconferência, a uma escola da cidade de Carcassonne, seu relatório sobre o cultivo da laranja. Junto com os alunos estão Manel, porta-voz da comunidade de agricultura ecológica, e Lorena, coordenadora da cooperativa de pequenos comerciantes de alimentos. Os alunos aproveitarão, além disso, para acertar os últimos detalhes de sua próxima visita àquela cidade e das atividades que desenvolverão conjuntamente.

Na reunião de professores, foi aberto um divertido debate, porque um sarcástico professor declarou: "Os projetos matarão o currículo". Sônia, a professora coordenadora dos projetos de análise cultural, comenta um texto de um tal de Umberto Eco, em que leu que um temeroso sacerdote na Notre Dame da Paris de Vitor Hugo, no século XV, pouco depois da invenção da imprensa, declarava: "O livro matará a catedral". Outro professor já propõe discutir sobre a nova distribuição temática das salas de informática e das salas de oficina.

O país está em um processo de reforma educacional (a 70ª da segunda era), e apareceu um reacionário movimento corporativo dos professores reivindicando a volta da organização disciplinar do currículo, com matérias separadas, horários específicos e professores especialistas. Parece que o movimento considera o conhecimento escolar como um processo cumulativo de conhecimentos independente das experiências subjetivas e entende que a universidade, com seus códigos culturais específicos, deve definir a seleção cultural para a escola.

Não obstante, outro grupo de professores e pesquisadores sociais propõe uma visita à biblioteca de ciências sociais, para consultar um antigo documento que escreveu um tal de Edgar Morin (1999), a pedido da Unesco, no qual, sob o título de *Os sete saberes necessá-*

rios para a educação do futuro, propôs algumas teses que, na atualidade, fundamentariam a continuidade do processo de inovação. O relatório daquele humanista e cientista social dizia, por exemplo, que:

- não podemos separar a ciência da consciência;
- já não há natureza pura e nunca houve cultura pura;
- não há conhecimento significativo sem experiência nem experiência significativa sem conhecimento;
- tornar a cultura ambientalista já é uma exigência urgente se queremos crescer ao lado da terra e não contra ela.

para refletir !!!

Morin não pensou em fazer de suas proposições disciplinas, embora se suponha, por sua procedência e formação, que sabia melhor do que muitos que cada um desses saberes tem uma formalização específica, uma tematização acadêmica, uma real argumentação reflexiva.

Talvez passarão por aqui os rumos da escolarização no século XXII. Se os futuros habitantes da escola se depararem com essa feliz descoberta, pode ser que achem interessantes alguns dos precisos aspectos sobre o currículo que são indicados no Quadro 5.1.

OS NOVOS MATERIAIS CURRICULARES COMO PRAXIOLOGIA

para refletir !!!

Se a escola do século XXII assumisse os dez postulados do Quadro 5.1, imediatamente comprovaria que, para seu desenvolvimento didático, o livro-texto é um artefato inútil. Então quais seriam os recursos e materiais necessários?

Para responder sobre os materiais curriculares requeridos para a escola do futuro, é necessária ainda uma nova precisão conceitual. Os princípios anteriormente formulados são princípios de critério, que demandam traduções estratégicas, **praxiologias**, ou seja, projetos e propostas curriculares que mediam uma determinada intencionalidade educativa e social e as práticas concretas de sala de aula e de escola.

QUADRO 5.1 ▶ ASPECTOS SOBRE O CURRÍCULO DA ESCOLA DO FUTURO

ASPECTO	OBSERVAÇÕES
A escola do futuro será **a escola do reconhecimento da experiência**.	Longe da reprodução de conteúdos acadêmicos disciplinares, que não se distanciam, mas ignoram a experiência concreta e particular de cada sujeito aprendiz, a escola tomará como base do trabalho cultural a vida cotidiana, com as vivências do sujeito como núcleo central para a problematização, pesquisa, reflexão e sistematização do conhecimento produzido.
A escola do futuro **reduzirá a extensão do conteúdo curricular**, buscando a relação significativa entre saberes e formas de conhecimento muito diversos.	O trabalho por projetos facilitará a assimilação reflexiva, ao colocar o aprendiz na condição de elaborador ativo das estratégias que lhe permitam descobrir as possíveis explicações para um fenômeno, fato ou acontecimento.
A escola do futuro ensinará a ler e escrever, como vem fazendo há pelo menos 4 mil anos, mas essa alfabetização colocará o sujeito na situação de **ler criticamente e escrever desde o interior de sua subjetividade**.	Obviamente, a escola do futuro ensinará a ler criticamente os novos alfabetos, desde e com os meios tecnológicos desenvolvidos nesse momento.
A escola do futuro, mais do que conteúdos legitimados pela seleção acadêmica, **ensinará análise do discurso**, procurando indagar na "filosofia" subjacente a qualquer seleção cultural.	Isso ajudará o sujeito a construir suas próprias opções em relação ao conhecimento descoberto e aos seus usos sociais.
A escola do futuro terá uma **arquitetura de acordo com as novas formas de entender a seleção cultural** e com o planejamento e o desenvolvimento curricular.	Os tempos e os espaços escolares não ficarão reduzidos e enquadrados em uma construção específica nem em uma jornada de horários, abrindo o trabalho didático para o encontro com a cidade.
Na escola do futuro, **não prevalecerão sentidos corporais em detrimento de outros**.	Ao ver e escutar, se acrescentará tudo aquilo que dê reconhecimento e sentido à presença do corpo na experiência educativa.
A escola do futuro recuperará a gramática e a retórica como **arte do dizer e nos dizer**.	Isso dará um particular valor à voz e à vontade de dizer.

ASPECTO	OBSERVAÇÕES
Na escola do futuro, **não haverá comparações hierarquistas** para aqueles que consideram a educação um direito individual e a experiência da avaliação educativa a possibilidade de diálogo crítico com seu próprio desenvolvimento e crescimento humano.	A escola do futuro não repartirá lauréis nem medalhas, nem publicará quadros de honra.
A escola do futuro **tomará como educadores os profissionais diversos que atuarão em contextos educacionais diversos**.	A formação docente dos profissionais será a mais elevada que a instituição formadora outorgue e seu reconhecimento social o mais elevado.
A escola do futuro apenas poderá ser laica e gratuita, porque constituirá **um projeto público do povo e para o povo**.	Não prevalecerão direitos relacionados com as crenças ou diferenças de poder e classe.

No fim dos anos de 1960, um legendário projeto curricular, o **Humanities Curriculum Project (HCP)**, exemplificou essa ideia com muita clareza. Seu principal impulsor, L. Stenhouse, provavelmente compreendeu melhor do que os outros teóricos da educação em sua época que uma das principais dificuldades da inovação reside em encontrar as ferramentas conceituais e os procedimentos para a tradução prática das boas ideias educativas.

Por isso, Stenhouse concebeu o projeto curricular como uma praxiologia, como forma de mediação entre a teoria e a prática. Tal como apontava um dos componentes da equipe daquele reconhecido projeto,

> [...] modelar as ideias de forma prática não só auxilia a colocá-las em marcha, mas também permite comprová-las e modificá-las à luz da prática. A praxiologia fundamenta a arte de traduzir as ideias em ação sem limitar o juízo das práticas quanto à melhor maneira de fazê-lo. (ELLIOTT, 1990, p. 267).

para saber +

Como representação simbólica da cultura selecionada para ser trabalhada na escola, os projetos curriculares podem ter intenções diferentes. No caso do HCP, os **ideais humanistas**, o **compromisso moral com a educação** e a **confiança nos professores** impregnaram a filosofia prática do projeto.

As duas grandes bases de fundamentação em que se apoiava a proposta do HCP supunham uma radical transformação das ideias de currículo e de profissionalismo docente. Quanto ao **currículo**, a ideia era dar aos sujeitos capacidade de compreensão crítica diante das competências puramente instrumentais, favorecendo os juízos responsáveis e autônomos sobre questões humanas socialmente controversas.

> O problema radica em dar a cada pessoa certo acesso a uma herança cultural complexa, proporcionar-lhe alguns apoios para sua vida pessoal e para suas relações com as diferentes comunidades às que pertence, incrementar sua compreensão e sensibilidade para com os outros seres humanos. O objetivo é promover a capacidade de compreensão, de discernimento e de juízo no terreno humano, o qual implica, onde seja apropriado, um conhecimento sério baseado em fatos, uma experiência direta, uma experiência imaginativa, certa compreensão dos dilemas da condição humana, do caráter imperfeito de muitas de nossas instituições e certa reflexão sobre elas. (STENHOUSE, 1997, p. 176).

Com relação aos **professores**, a ideia do HCP era ampliar suas competências profissionais, problematizando a própria prática de desenvolvimento curricular e tomando a pesquisa sobre essa prática como base do conhecimento profissional. Um conhecimento que, nas palavras de Stenhouse (1997, p. 169), além de possuir "[...] um domínio da matéria de nível universitário", deveria ser capaz, ao mesmo tempo, de "[...] um juízo prudente e de uma sensibilidade para o trabalho criativo similar à do professor de artes melhor preparado".

importante >>

A aposta do HCP de colocar nas mãos dos próprios professores a capacidade de criação curricular e o compromisso de compartilhar, no processo de pesquisa, os conhecimentos e as experiências deu lugar a um forte movimento de **transformação curricular** – o movimento do professor pesquisador. Isso acabou avançando os limites originais do HCP para constituir um campo de reflexão e formação docente de dimensões internacionais.

O leitor compreenderá que, se na escola do futuro aterrissasse o currículo como praxiologia, prever agora os materiais curriculares seria uma tarefa impossível, no entanto, simples. Esclarecemos essa forma de oxímoro.

Seria impossível porque, considerando o processo de criação do projeto curricular como um campo de pesquisa e deliberação profissional, **a seleção e a codificação dos conteúdos do currículo** constituiriam um importante campo de problematização. No caso do projeto que demos como exemplo, optou-se por evitar a tradicional estrutura acadêmica de disciplinas. As ciências humanas foram definidas como "o estudo das questões humanas importantes", incluindo-se nelas as artes, a religião, a história e as ciências do comportamento. Os tópicos em que se centravam eram:

- guerra e sociedade;
- família;
- relações entre os sexos;
- educação;
- pobreza;
- pessoas e o trabalho;
- vida nas cidades;
- lei e ordem; e
- relações raciais.

Já que as questões humanas eram controversas, o mais educativo era ensinar sobre as divergências.

Se uma das ideias centrais do projeto era embasar o ensino na discussão e na compreensão, será possível entender que isso está muito relacionado ao modo como o projeto abre um diálogo profissional com os professores e com as sugestões didáticas que lhes propõe. Uma estratégia que acho particularmente relevante era que o projeto se dirigia aos professores, formulando **princípios de procedimento** frente ao currículo tradicional, que embasava seu projeto na formulação de objetivos.

definição ▼

Os princípios de procedimento, no contexto do HCP, constituíam o conjunto de sugestões e orientações, de ordem didática, que concretizavam as intenções e as grandes ideias fundamentadoras do projeto. Assim, tratavam de sintetizar, na atividade teórico-prática do professor, a ponte entre o projeto curricular como possibilidade e as realidades concretas do currículo em ação.

OS MATERIAIS COMO "PEÇAS DE EVIDÊNCIA"

O fato de que a equipe do HCP propunha como premissa pedagógica o **ensino baseado na discussão** colocava, por um lado, o problema de suprimir a autoridade do professor como transmissor do saber. Por outro, deviam revisar o critério bastante difundido no formato da cultura curricular e tradicionalmente centrado no livro-texto.

Esse critério supõe uma relação unidirecional dos alunos com o conhecimento e uma forma de codificar a informação que está mais preocupada pelo consenso, na apresentação das "verdades" científicas, do que pela reflexão sobre as formas – muitas vezes conflitivas – com que as comunidades científicas vêm elaborando o conhecimento. Entretanto, em relação a isso, era fundamental resolver o problema de que os professores participantes do projeto, em seu papel de "moderador neutro", necessitavam proporcionar informação aos grupos de discussão nas salas de aula; uma informação que suprisse o uso comum do livro-texto.

para saber +

A equipe central do HCP, em vista dos problemas supracitados, considerou necessário recompilar, selecionar e organizar **evidências documentais** em relação aos tópicos de conteúdo que o projeto propunha, para a discussão das questões sociais controversas. Com o tempo, solicitou-se às escolas onde se experimentava o projeto que comprovassem e informassem se os materiais entregues pela equipe central eram coerentes com o método de ensino proposto, e pediu-se aos professores que contribuíssem, ampliando esse pacote de materiais.

Com relação ao pacote de materiais do HCP, apontarei, a seguir, algumas de suas características que me parecem mais significativas:

- ▶ os materiais constituem **exemplos** para o tratamento de um tópico nas salas de aula, funcionando como um **suporte** ou uma **ajuda** para os professores, já que a estrutura de seu cargo não lhes permite se envolver na elaboração de materiais de alta qualidade;

- ▶ os materiais têm uma **vida limitada**, razão pela qual não podem se converter nos definidores do currículo, mas sim em um recurso pontual que sugere um modo de trabalho, uma forma de selecionar e organizar o conhecimento, bem como um modo de se relacionar com ele;

- ▶ os materiais sugerem **exemplos de estratégias de qualidade**, que causam no professor a necessidade da emissão de juízos responsáveis sobre sua tarefa, a necessidade da experiência e do debate;

- ▶ os materiais podem e devem ser **reestruturados** e **adaptados** pelos professores, segundo o contexto particular de trabalho.

Convém ainda ressaltar outro importante aspecto relacionado ao conceito de evidência. A equipe elaborou pouquíssimos materiais próprios – no sentido de informação escrita. O que fez foi, em um lento e trabalhoso processo, colecionar **peças de evidência** relevantes para o tema que se escolhia. A ideia-chave desse processo era diferenciar as ferramentas de trabalho necessárias quando se propõe mudar de uma aprendizagem baseada no ensino para uma aprendizagem baseada na discussão e compreensão.

dica

Quando o objetivo é o **ensino**, um professor pode necessitar de uma fotografia, por exemplo, porque lhe serve como suporte de um determinado fragmento de informação, podendo ele mesmo elaborar novos suportes que descrevam esse fragmento. Contudo, se quer desenvolver a **discussão** e a **compreensão**, pode necessitar de materiais que o ajudem a enfrentar informações diferentes e contraditórias entre si ou pode precisar mais de um documento que suscite debate do que um que ofereça a informação fechada e unidirecional.

Como afirmava Stenhouse (1983, p. 97), "[...] você pode fabricar ajudas para o ensino, mas não pode, de um modo apropriado, fabricar evidências". Isso obriga a um importante processo de seleção, e a equipe do HCP, apenas no módulo sobre a guerra, reuniu inicialmente mais de 2 mil peças de evidência, das quais selecionou, por fim, cerca de 200 – além daquelas que surgiram nas escolas e de algumas associações de professores.

A equipe proporcionou um conjunto de pacotes de material, dentro dos quais havia documentos impressos, álbuns de fotografias, filmes e gravações em fita magnética. Neles, eram oferecidas evidências codificadas mediante formas e linguagens diferentes, como, por exemplo:

- poesia;
- relatos de ficção;
- prosa sobre fatos reais;
- artigos jornalísticos;
- canções;
- fotografias;
- fac-símiles; e
- reproduções de quadros.

Tudo isso era acompanhado de um **livro do professor**, no qual eram sugeridos materiais complementares e eram feitas recomendações em relação ao contexto das leituras e sugestões sobre estratégias de ensino.

Essas coleções de materiais para as escolas possuíam uma estrutura interna que Stenhouse, no relatório de trabalho 2, ao Comitê Consultivo do School Council, caracteriza da seguinte forma:

> A estrutura básica dos pacotes de material deve ser celular em vez de sequencial. Cada pacote deve estar baseado em dez ou quinze perguntas, mas, na maioria dos casos, a ordem em que as perguntas ou os problemas são discutidos deve ser muito flexível. Pode acontecer o caso de que alguma pergunta necessite relacionar-se a uma ou duas peças de material que sirvam como ponto de partida, mas depois disso a organização do material deve voltar a ser um objeto de dialética e não uma sequência de ensino. Faz-se isso com a esperança de que tal distribuição permita uma grande flexibilidade de uso e, ao mesmo tempo, ofereça um firme suporte sempre que um professor sinta a sua necessidade. (STENHOUSE, 1983, p. 100).

Tal sistema de codificação e apresentação do currículo em materiais não estava isento de inconvenientes ou problemas. Entre outros, podemos citar:

- a categoria ou o nível de dificuldade de compreensão de determinadas evidências;
- o tempo necessário para o tratamento em profundidade de alguns materiais;
- a compilação de filmes e do material de televisão, sobretudo daqueles que supõem um custo financeiro, o que levou a buscar a colaboração do British Film Institute; e
- o difícil problema do *copyright* em muitos materiais selecionados.

A CIDADE COMO EXPERIÊNCIA CULTURAL E CURRÍCULO

A escola do futuro deverá se reencontrar com uma leitura crítica da cidade; não a cidade como excursão escolar, ou seja, como saída pontual, estudo ou exploração, para voltar às quatro paredes da sala de aula, onde o currículo ficou encerrado e imóvel. Não; o que venho propor ao longo do texto é a reinvindicação de um novo modelo escolar que há de contemplar, necessariamente, a experiência da cidade como **prática de significação e subjetivação**, selecionando e ordenando formas de conhecer cruzadas por relações de poder.

> **importante** »
>
> Dizer que a cidade é currículo é dizer que ela é produto, mas também, fundamentalmente, processo, experiência, construção, projeto e possibilidade de subjetivação e produção de saber.

Continente, mas também conteúdo: a cidade-continente é habitada por sujeitos, saberes, poderes, culturas e representações diversas. O modo como se estabelecem relações complexas entre esses elementos produz significações, forças de subjetivação que facilitam ou dificultam as composições potencializadoras do sujeito no território urbano. A cidade produz saberes nos quais se mostram as tensões e os conflitos por darem significado às experiências da vida.

O CURRÍCULO COMO INVESTIGAÇÃO E OS NOVOS MATERIAIS CURRICULARES

De fato, a cidade educa. Por suas ruas, circulam modos de comportamento, valores cívicos e morais, estilos e modos de vida, práticas culturais elaboradas, em relação aos quais construímos significados sobre o sentido de ser cidadão. Os discursos da cidade constituem, portanto, uma **prática de produção de currículos**, grande e diferente. Este é o desafio da nova escola: transformar essa experiência social e individual em uma prática experiencial, questionadora e reflexiva, que permita construir saberes críticos e sistematizar propostas de intervenção e mudança.

> **definição** ▼
>
> Os novos materiais curriculares são os discursos da cidade, os textos culturais como campo de batalha na produção da subjetividade, os espaços, lugares e deslocamentos urbanos, com suas transformações, e a relação dessas mudanças com as novas práticas culturais e sociais.

As grandes avenidas, as ruas estreitas, as praças e os jardins, as construções emblemáticas constituíram, durante muito tempo, um programa cultural em que identificávamos as classes sociais, as altas e baixas culturas, os modos de historiografar. O itinerário pela cidade pode constituir uma **experiência desconstrucionista**, mediante a qual o sujeito constrói e desconstrói significados em relação à cidade; uma experiência de *voyeurismo* e de andar pelas ruas sem destino, em que se experimenta o conflito de um processo de subjetivação governado por uma relação espetacular com a mercadoria.

> **importante** »
>
> O projeto educacional da escola futurista que viemos imaginando concebe o sujeito aprendiz como uma forma particular de ser cidadão espectador e ao mesmo tempo leitor, resistente a fazer parte da multidão, com capacidade e vontade para a leitura crítica das formas de alienação presentes no território urbano.

Os "materiais curriculares" da cidade serão um lugar para olhar e para nos olharmos, um texto que se há de traduzir, uma experiência constantemente modificada por nossos próprios passos nesse território experiencial. Algo que a figura do *"skatista"* representa muito bem hoje, um potencial espaço em branco sobre o qual se pode sentir o prazer de nossos grafites.

Júlia usa um vestido fabricado no México, importado por uma empresa têxtil de Granollers, cujo preço se apresentava em quatro moedas diferentes, e comprado em uma loja que dispõe desse mesmo modelo em filiais distribuídas pelas principais cidades do planeta, com uma logomarca facilmente identificável pelos cidadãos com culturas, línguas, costumes e economias muito díspares. A loja está instalada no *shopping*, uma grande superfície comercial que repete sua estratégia arquitetônica em outros *shoppings* de cidades pertencentes a continentes a milhas de distância.

A menina caminha para sua casa, nas redondezas da cidade, onde acabam de inaugurar outro grande centro comercial com o nome de "Praça Maior". Júlia se detém ante o último grafite de seus colegas da escola e, ao ver que a luz do sol se perdeu no crepúsculo, evita passar por uma praça solitária com grandes colunas, que deixam invisível uma porção importante do espaço. Vem observando contrariada os nomes das ruas, porque não pôde identificar nenhum dedicado a uma mulher.

Ao passar junto ao parque, observa que, mais longe, alguns mendigos colocam papelões sobre a grama, como se fossem colchões. Caminha depressa, porque chegará atrasada a uma reunião do grupo de jovens do bairro, constituído por uma coordenadora em defesa do parque, que está ameaçado por uma requalificação urbanística que o converteria em algumas torres altas de escritórios.

Mas tudo bem, como não há "material curricular" na vida cotidiana, se vocês quiserem, compramos para a Júlia vários livros-texto e apresentamos a ela um monte de exercícios, para fazer quando acabar a reunião.

para saber +

JARAUTA, B.; IMBERNÓN, F. *Pensando no futuro da educação*: uma nova escola para o século XXII. Porto Alegre: Penso, 2015.

REFERÊNCIAS

ELLIOTT, J. *La investigaciónacción en educación*. Madrid: Morata, 1990.

MORIN, E. *Los 7 conocimientos necesarios para la educación del futuro*. Barcelona: Unesco, 1999.

STENHOUSE, L. *Authority, education and emancipation*. London: Heinemann Educational, 1983.

STENHOUSE, L. *Cultura y educación*. Sevilla: M.C.E.P., 1997.

>6

Ensino e aprendizagem

TIM BRIGHOUSE E DAVID WOODS

habilidades e competências

>> Caracterizar os professores bem-sucedidos no contexto de uma cultura de ensino e aprendizagem.

>> Definir aprendizagem personalizada e explicar o que a compõe.

>> Questionar a aplicação dos estilos e da avaliação da aprendizagem quando se busca a aprendizagem personalizada.

>> Discutir a utilização de tecnologias da informação e da comunicação (TICs) no contexto da aprendizagem personalizada.

>> Estabelecer formas de incentivar os alunos a assumirem a responsabilidade por sua própria aprendizagem.

>> Resumir as características de uma escola de aprendizagem.

neste capítulo você estudará:

>> As características de uma cultura de ensino e aprendizagem.

>> Tópicos de uma política para o ensino e a aprendizagem.

>> As características dos professores bem-sucedidos, os "geradores de energia".

>> Maneiras de trabalhar a autoestima e a expectativa dos alunos.

>> Aprendizagem personalizada: definição, componentes, portais.

>> Os estilos, a avaliação e as tecnologias da aprendizagem aplicados à ideia de aprendizagem personalizada.

>> A importância de os alunos assumirem sua aprendizagem.

>> As características de uma escola de aprendizagem.

CULTURAS DE ENSINO E APRENDIZAGEM

A qualidade do ensino e da aprendizagem está no cerne da melhoria da escola, e a mudança real e duradoura só pode vir daquilo que os professores e a equipe de apoio fazem consistentemente nas salas de aula e em outras áreas de aprendizagem da escola. Curiosamente, embora as escolas tenham políticas para quase tudo, algumas ainda não têm muitas políticas sobre o ensino e a aprendizagem, sendo, às vezes, difícil apurar, a partir de suas práticas, se aquelas que utilizam são baseadas em uma abordagem individual ou coletiva.

Nas escolas bem-sucedidas, os docentes têm pensado juntos sobre o que constitui ensino e aprendizagem eficazes em seu contexto particular, com base em um conjunto de valores e crenças básicos, e continuam a especular como poderiam melhorar sua prática, envolvendo alunos, pais e administradores no debate. Eles estão conscientes de que seu propósito central e o foco de todos os seus esforços estão aumentando o aproveitamento dos alunos, e se engajam em atividades colaborativas para garantir isso.

importante »

Nas escolas exitosas, os princípios são transformados em **processos** e **práticas**, e têm sido implementadas **estratégias** acordadas que são constantemente monitoradas, revistas e reajustadas à luz das evidências. Por esse processo, há uma dinâmica interna para o ensino e a aprendizagem, e a escola está ajustada para uma melhoria contínua.

Em instituições de ensino bem-sucedidas, há altas expectativas para todos, tanto alunos quanto professores. O diretor, em particular, é um líder da aprendizagem. Há, na verdade, uma aparente cultura de ensino e aprendizagem na escola que está sendo sempre alimentada e desenvolvida, com os docentes assumindo uma responsabilidade individual e coletiva para aprimorar o que já faziam antes da maneira mais competente, com referência ao melhor conhecimento e às melhores práticas disponíveis, e se comprometendo com uma autoavaliação regular.

Ao considerar como melhorar uma escola por meio do desenvolvimento de uma cultura dinâmica de ensino e aprendizagem, pode ser melhor começar do ponto de vista do **novo professor** que, cheio de esperança e expectativa (e certamente de um pouquinho de apreensão), se une ao corpo docente de uma escola em uma base permanente. Todos os diretores e professores podem proveitosamente se perguntar como, simplesmente se unindo a eles, um novo professor se tornaria um melhor professor e fortaleceria ainda mais a massa crítica do ensino eficaz.

Nós nos referimos anteriormente aos professores como líderes. A tarefa das escolas é desenvolver sua cultura de ensino para que todos sejam um gerador de energia durante, pelo menos, parte do tempo e, outras vezes, nunca menos do que neutros. Por isso, o novo professor é imediatamente energizado simplesmente se unindo ao corpo docente e é capturado na excitação do ensino e da aprendizagem.

para refletir !!!

Quais seriam as características de uma cultura de ensino e aprendizagem e como uma escola pode desenvolver isso?

Este capítulo discute as características fundamentais de uma cultura de ensino e aprendizagem que, se adotada, ajudaria a melhorar todas as escolas.

UMA POLÍTICA ACORDADA SOBRE A PRÁTICA DO ENSINO E DA APRENDIZAGEM

Uma política deste tipo se iniciaria a partir da indagação básica relativa a se todo o corpo docente, que inclui os assistentes de ensino e aprendizagem e todos aqueles que contribuem para o processo, discutiu suas **ideias e crenças** sobre o ensino e a aprendizagem, e sobre qual é a melhor maneira de elevar os **padrões de aproveitamento**. A política enfatizaria uma filosofia e uma linguagem compartilhadas, cobrindo as questões fundamentais referentes aos seguintes aspectos:

- ▶ os estilos de ensino e aprendizagem;
- ▶ as habilidades de ensino;
- ▶ a importância do questionamento;
- ▶ o lugar da história na explicação;
- ▶ os recursos para o ensino e a aprendizagem;
- ▶ a aprendizagem como a preocupação fundamental do desenvolvimento e do apoio profissional contínuo;
- ▶ a autoavaliação; e
- ▶ a revisão.

Existe uma vasta quantidade de literatura de pesquisa sobre todos esses tópicos. Entretanto, como o contexto é tão importante, é essencial que cada membro da equipe, envolvendo, na medida do possível, alunos, pais e administradores, elabore **valores**, **práticas** e **expectativas** e se certifique de que essa política geral seja traduzida em uma pedagogia apropriada em todos os níveis da escola.

importante »

Os líderes das diversas disciplinas nas escolas de ensino médio, fundamental e de educação especial bem-sucedidas são capazes de transmitir, de maneira eficaz, as principais mensagens para suas áreas do currículo e trabalhar com grupos de professores no desenvolvimento de esquemas de trabalho e planos de aula apropriados. Os professores que trabalham nos grupos do ano ou nos estágios fundamentais baseiam seu planejamento em princípios, processos e práticas visíveis, e monitoram e avaliam de acordo com eles. De tudo isso emerge uma **unidade de propósito**, que é uma condição de avaliar a consistência da prática educacional em todo o corpo docente.

Uma política para o ensino e a aprendizagem seria construída sob os tópicos apresentados no Quadro 6.1.

QUADRO 6.1 ▶ TÓPICOS DE UMA POLÍTICA PARA O ENSINO E A APRENDIZAGEM

VALORES, CRENÇAS E PRINCÍPIOS
O desenvolvimento de uma linguagem compartilhada sobre a arte do ensino e as complexidades da aprendizagem.
O repertório e a variedade das técnicas de ensino, da exposição e explicação das habilidades e estratégias, das atividades e investigações práticas, do uso das perguntas, da discussão e resolução de problemas; ensino individual, de grupo e de toda a classe.
APRENDIZAGEM PERSONALIZADA
Molde da educação às necessidades, aos interesses e às aptidões individuais para satisfazer o potencial dos alunos.
ESTILOS DE APRENDIZAGEM
Consciência das inteligências múltiplas, da necessidade de diferenciação, da aprendizagem independente e do pensamento crítico.
O USO DOS RECURSOS DE APRENDIZAGEM
Uma variedade de recursos adequados à idade e à necessidade dos alunos, a provisão de tecnologia da informação, materiais de referência, o papel da biblioteca e do centro de recursos no apoio da aprendizagem.

VALORES, CRENÇAS E PRINCÍPIOS

A EFICÁCIA DO PLANEJAMENTO

Continuidade e progressão da aprendizagem, com organização do planejamento de curto, médio e longo prazo.

O USO DA AVALIAÇÃO

Avaliação da aprendizagem, a nota do trabalho, o uso de informações da avaliação para informar o planejamento do currículo, a avaliação formativa e final.

ALTAS EXPECTATIVAS E DESAFIO APROPRIADO

Tarefas e técnicas de ensino apropriadas para alunos com diferentes habilidades, níveis de aprendizagem e capacidade de ajuste e associação (*setting and banding*) acelerados.

CRIAÇÃO E MANUTENÇÃO DE AMBIENTES DE APRENDIZAGEM ESTIMULANTES

Organização eficaz da sala de aula, mostras interativas e, em toda a escola, um clima de inovação.

MONITORAÇÃO E AVALIAÇÃO DO ENSINO E DA APRENDIZAGEM

Reunião de evidências e reflexão crítica sobre as políticas e práticas, e pesquisa-ação.

As escolas bem-sucedidas, com políticas e práticas claramente planejadas e expressadas sobre o ensino e a aprendizagem, contribuindo para uma cultura de aprendizagem dinâmica, são capazes de estabelecer essa cultura em sua literatura de recrutamento e atrair profissionais com ideias afins. Assim, elas oportunizam o reforço dessas crenças dentro de um programa de admissão. Talvez o mais impressionante de tudo seja o fato de essas escolas instituírem a prática de se certificar de que todos os candidatos sejam observados ensinando como parte de sua estratégia de recrutamento.

dica

A estratégia de observar os candidatos ensinando deve ser instituída, uma vez que reforça a mensagem da importância fundamental do ensino de qualidade na escola e tem o benefício de envolver os alunos e outros profissionais no processo de observação da classe e seleção do professor. O novo membro do corpo docente já se sente parte de uma cultura de ensino eficaz simplesmente se juntando à equipe, estando pronto para empreender um programa contínuo de desenvolvimento profissional certamente ancorado dentro de uma política de ensino e aprendizagem.

ENSINO DE ALTA QUALIDADE

Uma das características dos professores bem-sucedidos, que são "geradores de energia", que enxergam o copo como "meio cheio", que veem uma "perspectiva de esperança em meio à dificuldade" e que perguntam "e se?", é que eles usam três ou quatro partes da **investigação apreciativa** de cada problema que precisam resolver. Enquanto isso, os professores malsucedidos, que são "consumidores de energia", que enxergam o copo como "meio vazio", que veem "dificuldades em todas as situações" e perguntam "o que mais se pode esperar destas crianças?", tornam-se impositores da conformidade à custa da investigação apreciativa, enquanto lutam com seus crescentes problemas.

para saber +

Para conhecer melhor formas de implantação de investigação apreciativa, pode-se consultar a obra *Investigação apreciativa: uma abordagem positiva para a gestão de mudanças*, de David L. Cooperrider e Diana Whitney, publicada em português pela Editora Qualitymark.

Os alunos das classes dos criadores de energia e dos investigadores apreciativos têm uma experiência muito mais bem-sucedida do que aqueles das classes dos consumidores de energia e impositores da conformidade. Por isso, nossos dois primeiros pontos sobre o ensino são que:

1. a disposição e a atitude dos professores são fundamentais; e
2. por mais importantes que sejam as habilidades bem treinadas de manejo e organização da classe (incluindo a lição de três, quatro ou cinco partes com plenárias), elas sozinhas não são suficientes.

As características e as qualidades dos bons professores incluem:

- boa percepção do *self* e dos relacionamentos interpessoais;
- generosidade de espírito;
- senso de humor;
- poderes de observação acurados;
- interesse e preocupação com os outros;
- entusiasmo contagiante pelo que é ensinado, aliado a um excelente conhecimento da matéria;
- imaginação;

- curiosidade intelectual;

- treinamento profissional e entendimento de como as crianças aprendem;

- capacidade para planejar programas de aprendizagem apropriados aos grupos específicos de crianças e aos alunos individuais; e

- acesso para que saibam como melhorar o entendimento de seu currículo no contexto da escola como um todo.

Se a disposição e a atitude são importantes, o que mais podemos dizer sobre elas no caso dos professores que se destacam? O Quadro 6.2 traz características desses professores.

QUADRO 6.2 ▶ CARACTERÍSTICAS DOS PROFESSORES QUE SE DESTACAM

PROFESSORES QUE SE DESTACAM...
...acreditam genuinamente que todas as crianças podem ser bem-sucedidas no que aprendem e que podem ensinar qualquer um a obter sucesso.
...têm objetivos de aprendizagem para si próprios, tanto com relação à sua disciplina quanto em relação à maneira pela qual ensinam.
...não têm medo de envolver o aluno na avaliação de suas aulas.
...experimentam novas ideias.
...praticam a "avaliação para a aprendizagem", por meio da qual o aluno toma conhecimento do próximo estágio da aprendizagem e sabe como estender a aprendizagem já adquirida.
...não diferenciam tanto os grupos que ensinam, mas se diferenciam.
...acreditam que o esforço por parte do aluno na aprendizagem não seja um sinal de capacidade limitada.
...tornam a aprendizagem divertida, exalando esperança, energia e entusiasmo.
...comportam-se como se a aprendizagem fosse uma decisão cooperativa – "Podemos decifrar este problema de álgebra juntos, não podemos?".
...utilizam a aprendizagem tanto como uma atividade em grupo quanto como uma atividade individual, importando assim, para a sala de aula (com todas as mensagens positivas da colaboração), a natureza conspiradora do pátio do recreio ou da rua, onde suas consequências são, com frequência, negativas e desastrosas.
...acima de tudo, acreditam na "transformabilidade" de seus alunos em oposição a sua capacidade.

para refletir !!!

O ensino dos professores que se destacam é uma competência a ser continuamente aumentada, e eles desenvolvem competência de aprendizagem em seus alunos.

Os professores trabalham no extremo do eixo entre a **autoestima** e a **expectativa**. Se a expectativa for alta demais e a autoestima dos alunos for baixa demais, eles não vão conseguir aprender e o professor não vai conseguir ensinar. A outra alternativa, que é a autoestima dos alunos acima das expectativas do professor, é quase tão séria quanto. Dizemos "quase" porque, nessas circunstâncias, os alunos mais velhos, com uma competência de aprendizagem superior, vão aprender a despeito do professor. O importante é colocar a expectativa, tanto para o grupo como para os indivíduos, apenas um pouquinho à frente do ponto que os alunos atingiram.

Por isso, todos os professores trabalham a autoestima. E como fazem isso? O Quadro 6.3 apresenta as formas utilizadas para isso.

Em suma, os professores são os mestres do inesperado. Aos olhos de seus alunos, eles parecem segura e curiosamente imprevisíveis.

QUADRO 6.3 ▶ MANEIRAS PELAS QUAIS OS PROFESSORES TRABALHAM A AUTOESTIMA DOS ALUNOS

PROFESSORES TRABALHAM A AUTOESTIMA DOS ALUNOS...
...saudando os alunos positivamente pela manhã e os chamando pelo nome, não apenas na sala de aula, mas também no corredor e no horário de almoço.
...criando um passado compartilhado e contando boas histórias sobre seus alunos, os quais esperam que contribuam para o "legado" da escola.
...compartilhando os interesses dos jovens – celebridades, novelas, esportes ou comida.
...lembrando-se dos aniversários.
...reconhecem as realizações dos alunos em toda parte, na escola ou fora dela.
...dando as notas privadamente e admitindo um interesse privado.
...procurando um objeto ou artefato no fim de semana que saibam ser do interesse do aluno (maneira adequada para quando um aluno os frustra e os professores não conseguem, por assim dizer, estabelecer contato), discretamente entregando-o ao aluno, dizendo: "Eu vi isto e pensei em você".

No campo da expectativa, os professores que se destacam se asseguram de que seus alunos estejam pelo menos tão ocupados quanto eles. Os alunos, depois de se candidatarem a várias funções como líderes de classe, sabem que cabe a eles, por exemplo:

- monitorar a frequência;
- vigiar o computador;
- organizar os recursos;
- recolher os livros no fim da aula.

Outras formas de trabalhar a expectativa são apresentadas no Quadro 6.4.

importante >>

Os professores que se destacam são tão mestres na "avaliação para a aprendizagem" que os alunos se tornam capazes de avaliar seu próprio trabalho e o trabalho dos outros. Assim, seus alunos tornam-se aprendizes autônomos cada vez mais ativos e competentes.

Achamos que no processo de ensino há fundamentalmente três partes, descritas a seguir.

- A **primeira** parte envolve conhecer os alunos – suas preferências e aversões, esperanças e ambições, potencialidades e fragilidades, e seus estilos de aprendizagem preferidos.

QUADRO 6.4 ▶ MANEIRAS PELAS QUAIS OS PROFESSORES TRABALHAM A EXPECTATIVA DOS ALUNOS

PROFESSORES TRABALHAM A EXPECTATIVA DOS ALUNOS...
...usando histórias.
...sendo hábeis nas técnicas de questionamento.
...envolvendo seus alunos na liderança.
...implementando uma prática de notas que faz os alunos se sentirem especiais.
...proporcionando um extenso *feedback* por escrito a cada aluno, pelo menos duas vezes por ano.

▶ A **segunda** parte – a central – envolve as habilidades de prática do aluno, como realizar exercícios, ocupar-se proveitosamente da consolidação da aprendizagem, enquanto o professor torna-se proficiente no controle da classe e envolvido nas artes refinadas do planejamento e da organização.

▶ A **terceira** parte – a mais vital – é a habilidade extraordinária do professor como um alquimista da mente, o tempo todo surpreendendo os alunos para fazer e entender coisas que eles jamais imaginaram que pudessem fazer e entender. Nesta parte está o ponto culminante da habilidade do professor: sua habilidade para abrir a mente, com frequência uma parte do ensino que é menos analisada e discutida, que está particularmente conectada com as habilidades de questionamento e especulação para alunos com diferentes tipos de inteligências e em diferentes estágios da autoestima.

PERGUNTAS, PERGUNTAS

Muito tem sido escrito sobre a sequenciação, a distribuição e as regras da pausa em sala de aula. Algumas escolas, no entanto, só pedem aos alunos para erguerem suas mãos em determinadas circunstâncias prescritas e extensivamente consideradas, preferindo que o professor direcione as perguntas de uma maneira apropriada aos diferentes alunos segundo o que atingiram em sua aprendizagem.

Outras escolas, querendo chamar a atenção para as mudanças, utilizam um "monitor da pergunta". Aqui, o professor formula a pergunta, cuidadosamente considerada com relação à dificuldade, e elege o "monitor da pergunta", tirando de uma caneca um dos 30 papeizinhos ali depositados, cada um com o nome de um aluno.

Os professores são especialistas em quatro ordens de perguntas (Quadro 6.5), cada uma utilizando as sete palavras de questionamento:

- ▶ "quando";
- ▶ "onde";
- ▶ "o que";
- ▶ "por que";
- ▶ "quem";
- ▶ "de que"; e
- ▶ "como".

QUADRO 6.5 ▶ ORDENS DE PERGUNTAS DE PROFESSORES

Primeira ordem	Perguntas de fato.
Segunda ordem	Perguntas de influência.
Terceira ordem	Perguntas "surpreendentes".
Quarta ordem	Perguntas de hipótese condicional, precedidas pelo diabólico "se".

para saber +

Às vezes, achamos que as perguntas "surpreendentes" são iguais às perguntas de "Fermi". Fermi foi um físico nuclear italiano que adorava perguntas complexas. Um exemplo de uma pergunta de "Fermi" seria: "Quantos afinadores de piano há em Nova York?". Elas são destinadas a requerer pensamento literal, estimativa e justificativa de sua hipótese que conduz à sua conclusão.

Equipar os alunos com o conhecimento das sete perguntas de questionamento e as quatro ordens de perguntas pavimenta o caminho para o bom trabalho de grupo, porque os alunos ficam versados no uso das perguntas.

dica ▶

Além das perguntas, os professores podem considerar cada uma das outras técnicas de **narração de histórias**, pois as histórias estão no cerne do ensino bem-sucedido desde os hábitos de abertura da mente do filósofo Platão.

O que dizer do **"alter ego" do ensino**? Assim como a professora da creche envia ursinhos para casa para ter aventuras com os alunos, que voltam e criam desenhos e histórias sobre o que aconteceu, a mesma professora usa o ursinho como outro personagem para estimular a conversa dos alunos. A professora da primeira série continua essa prática durante algum tempo e está alerta para o uso dos animaizinhos de estimação.

Isso também continua nas séries finais do ensino fundamental, não na forma de bichinhos de estimação, mas às vezes com personagens reais na sala de história (digamos, Henrique VIII) ou na sala de ciências (p. ex., Darwin), e, de vez em quando, o professor se detém nesses personagens. Eles têm conversas imaginárias ao telefone e, na era digital, têm "tutores virtuais" aos quais os alunos podem recorrer. Uma escola tem um professor entusiasmado que tem seu próprio "avatar", uma figura construída e que se move na tela com uma voz programada. Estamos, evidentemente, no início da nossa jornada de exploração das **tecnologias de aprendizagem**.

Em certa escola, por exemplo, os professores debateram, concordaram em produzir e depois criaram um folheto para todos os alunos chamado "A linguagem para pensar e aprender". Baseado em teorias das inteligências múltiplas e na necessidade de várias abordagens de aprendizagem, o folheto apresentava o vocabulário para cada disciplina (e para as provas) que os professores queriam que os alunos entendessem – linguagem conceitual de ordem elevada, se você preferir.

Todo o corpo docente começou, então, a ensinar o significado do vocabulário, a cada semana, para os alunos do 7º ano. Uma abordagem similar foi adotada no 8º ano e no ensino médio – sendo toda a matéria do curso reforçada pela exibição do vocabulário em todas as salas.

PERSONALIZANDO A APRENDIZAGEM

Nas escolas bem-sucedidas, o corpo docente considera o que constitui **aprendizagem eficaz** em seu contexto particular para aumentar o aproveitamento de todos os alunos e adotar processos e práticas adequados. Os professores têm consciência dos perigos de a aprendizagem dos jovens ser dominada por julgamentos de capacidade que podem afetar profundamente sua autoestima e seu senso de identidade.

Os alunos aprendem muito rapidamente sobre sua posição com relação aos colegas e a que categoria pertencem em termos de "mais capaz", "médio" e "menos capaz". Esse tipo de aprendizagem é, com frequência, diariamente reforçado por meio de muitos tipos diferentes de experiências e requer um esforço consciente para praticar a "aprendizagem sem limites", para que as experiências dos jovens na escola não sejam todas organizadas e estruturadas tendo por base julgamentos da capacidade.

definição ▼

A aprendizagem personalizada diz respeito a ajudar toda criança e jovem a melhorar, o que significa moldar a educação às **necessidades**, aos **interesses** e às **aptidões individuais** para satisfazer seu potencial e lhes dar a motivação para serem aprendizes independentes e pela vida afora. Para as escolas, isso significa um etos profissional que aceite e assuma que toda criança chega à sala de aula com uma base e um conjunto de habilidades diferentes, e também com aptidões e aspirações variadas.

Os componentes da aprendizagem personalizada são apresentados no Quadro 6.6.

Os cinco componentes do Quadro 6.6 são integrados e mutuamente incentivadores. O uso **das tecnologias da informação e da comunicação (TICs)** permeia todos os componentes como uma maneira de aumentar a criatividade e estender as oportunidades de aprendizagem.

O Specialist Schools Academies Trust, em uma série de livretos sobre aprendizagem personalizada editada por David Hargreaves (2005; 2006), sugere que as escolas abordem a tarefa da aprendizagem através de nove **portais** interconectados, conforme a Figura 6.1.

QUADRO 6.6 ▶ COMPONENTES DA APRENDIZAGEM PERSONALIZADA

AVALIAÇÃO

Entender o ponto em que cada aluno está em sua aprendizagem, proporcionar *feedback* de qualidade e planejar os próximos passos com objetivos compartilhados.

ENSINO E APRENDIZAGEM EFICAZES

Desenvolver a competência e a confiança de todo aluno, engajandoas e expandindoas por meio do desenvolvimento sistemático e explícito das habilidades e estratégias de aprendizagem ao longo do currículo.

DENOMINAÇÃO E ESCOLHA DO CURRÍCULO

Comunicar a amplitude do estudo, a relevância pessoal e os caminhos para a aprendizagem flexível por meio do sistema.

ORGANIZAÇÃO DA ESCOLA

Utilizar mais equipes de apoio e conhecimento especializado para remover as barreiras à aprendizagem e criar as condições necessárias para garantir que todos os alunos façam o maior progresso possível.

ALÉM DA SALA DE AULA

Estender a aprendizagem para além da escola para satisfazer as necessidades dos alunos e de suas famílias e desenvolver parcerias fortes para estimular o progresso na sala de aula e apoiar o bem-estar do aluno.

FIGURA 6.1 ▶ Os portais da educação personalizada, segundo o Specialist Schools Academies Trust.

O impacto geral dos portais sobre os alunos pode ser entendido como uma sequência de temas ou fios principais que captam o que caracteriza os alunos para os quais a aprendizagem está sendo personalizada com sucesso. Os temas principais são:

▶ o engajamento do aluno na aprendizagem e no ensino;

▶ a responsabilidade assumida pelo aluno para a aprendizagem e o comportamento;

▶ a independência na aprendizagem;

▶ a confiança na aprendizagem;

▶ a maturidade nos relacionamentos, com os alunos assumindo sua aprendizagem.

As escolas vão reconhecer essa agenda tentando fazer o máximo para cada criança e jovem, adaptando o ensino para satisfazer as necessidades do indivíduo, em vez de obrigá-lo a se ajustar ao sistema.

A maioria das escolas diria que dá atenção individual aos alunos, mas aquelas que estão trabalhando intensamente na educação personalizada entenderam que podem fazer muito mais dando aos alunos oportunidades de **trabalhar dentro do seu próprio ritmo**. A **escolha** também é uma parte importante da aprendizagem personalizada, particularmente no ensino de adolescentes, com a criação de caminhos de aprendizagem individuais.

atenção

As restrições dos programas de estudos, do currículo da área e da avaliação podem dificultar muito o oferecimento de uma forma de aprendizagem realmente personalizada.

Como uma saída às restrições impostas pelo contexto escolar, estão surgindo algumas abordagens inovadoras por meio dos benefícios da remodelação da força de trabalho e do uso mais eficaz das TICs. Em última análise, "o currículo" deve atrair o indivíduo ou o grupo. No fim, o aprendiz bem-sucedido está envolvido no currículo que o professor moldou para o mundo.

Além disso, precisa ser reconhecido que o dia letivo e o ano letivo proporcionam apenas uma pequena porcentagem de tempo de aprendizagem disponível. Por isso a suspensão da tabela de horários envolvendo um "dia" ou uma "semana" de aprendizagem é tão importante para a aprendizagem bem-sucedida.

importante >>

Para obter sucesso em sua esperança de melhorar a aprendizagem e o aproveitamento, as escolas devem encontrar novos aliados e criar novos tipos de conexões com a comunidade da qual fazem parte. Um dos primeiros passos importantes é gerar parcerias de aprendizagem com os pais e os cuidadores, lembrando que eles são coeducadores das crianças, juntamente com os professores.

O atributo mais importante que as escolas podem proporcionar aos alunos é a capacidade de aprender sozinho e assumir a responsabilidade por sua própria aprendizagem. Embora isso possa ser encorajado por meio do currículo formal em termos de aprendizagem flexível e aprendizagem independente, a provisão de enriquecimento do currículo e oportunidades de extensão cria uma oportunidade real de se preparar para a aprendizagem pelo resto da vida. Isso pode se dar por atividades extracurriculares tradicionais ou por oportunidades proporcionadas antes e depois da escola ou nos fins de semana e férias (Quadro 6.7).

QUADRO 6.7 ▶ ATIVIDADES PARA ESTIMULAR A APRENDIZAGEM PELO RESTO DA VIDA

ATIVIDADES EXTRACURRICULARES TRADICIONAIS	ATIVIDADES REALIZADAS ANTES E DEPOIS DA AULA, NOS FINS DE SEMANA OU NAS FÉRIAS
Esporte	Cursos e experiências de aprendizagem residenciais
Teatro	Cursos de verão
Xadrez	Extensões de estudo com organizações e centros educacionais
Atividades em clubes e sociedades	—

O enriquecimento e a extensão do currículo permitem uma maior flexibilidade do ensino e da aprendizagem, particularmente em torno de técnicas como **aprendizagem acelerada** e conceitos como **inteligências múltiplas**. Há também oportunidades extras para desenvolver habilidades relacionadas às **TICs**. Acima de tudo, uma escola aprimorada vai proporcionar essas oportunidades para:

- melhorar a motivação;
- gerar autoestima;
- desenvolver aprendizagem eficaz; e
- elevar o desempenho.

ESTILOS DE APRENDIZAGEM

O conceito de estilos de aprendizagem tornou-se um pilar da boa prática, embora não desprovido de críticas. O sistema mais comumente utilizado nas escolas é o **modelo de classificação VAK**, que divide as crianças em:

- aprendizes visuais – aqueles que gostam de olhar;
- aprendizes auditivos – aqueles que gostam de ouvir; ou
- aprendizes cinestésicos – aqueles que aprendem melhor por meio de atividade física, às vezes chamados de **aprendizes ativos**.

atenção

A maior parte da análise dos estilos de aprendizagem baseia-se em questionários de autoavaliação completados pelas crianças, contudo, é preciso ter em mente que estes têm defeitos óbvios. Muitas atividades escolares não são puramente visuais, auditivas ou cinestésicas, mas uma mistura de todas as três.

Mesmo que aceitemos que as crianças aprendem de maneiras diferentes, a maioria dos professores concorda que um estilo de aprendizagem preferido é simplesmente um hábito adquirido e que as crianças precisam experimentar outros.

Quanto às escolas que adotam o conceito dos estilos de aprendizagem, grande parte delas tenta encorajar os professores a tornar as aulas acessíveis a todos os alunos, incluindo elementos visuais, auditivos e cinestésicos. Elas acreditam que seja igualmente importante para os professores analisar seu próprio estilo de aprendizagem e ensino e declaram que a maioria dos professores permite que seu próprio estilo se torne seu estilo de ensino habitual – em detrimento daqueles alunos que aprendem de maneiras diferentes.

atenção

O perigo de outras classificações rígidas das preferências de aprendizagem das crianças é que estas serão rotuladas e impostas a uma visão estreita de suas próprias habilidades.

▶ Alguns mecanismos para a avaliação dos estilos de aprendizagem usam uma visão mais holística e observam uma ampla variedade de questões sob o título de estilos de aprendizagem. Por exemplo, os perfis da análise do estilo de aprendizagem promovidos pela Editora Network Continuum baseiam-se em uma ampla série de perguntas agrupadas em categorias que são ancoradas nos seguintes aspectos:

▶ cerebrais;

▶ sensoriais;

▶ físicos;

▶ ambientais;

▶ sociais; e

▶ atitudinais.

Esses perfis (que estão acessíveis *on-line*) baseiam-se no trabalho de pesquisa dos Professores Dunn e Dunn, de Nova York, na década de 1980, e foram desenvolvidos em formato eletrônico pela Professora Barbara Prashing, de Auckland, Nova Zelândia. Os resultados dos perfis evitam rotular as crianças descrevendo as preferências e as flexibilidades no espectro das questões envolvidas.

Não obstante, parece que os modelos de estilo de aprendizagem são também uma supersimplificação da maneira complexa em que as crianças processam as informações. Entretanto, o debate sobre os estilos de aprendizagem tem pelo menos encorajado os professores a examinar sua própria prática e a explorar um repertório mais amplo de estratégias de ensino.

para refletir !!!

Talvez, ao invés de falar sobre estilos de aprendizagem, devamos falar sobre as habilidades de aprendizagem e sobre a provisão de um ambiente mais adequado para a aprendizagem, quer esta seja o trabalho individual, de grupo ou de classe, a disponibilidade de tecnologias de aprendizagem ou a estimulação auditiva.

AVALIAÇÃO DA APRENDIZAGEM

A aprendizagem personalizada está intimamente vinculada à avaliação dos alunos, no sentido de que não se pode moldar a aprendizagem, a menos que se conheça o progresso do aluno. Entretanto, a ênfase aqui está na **avaliação para a aprendizagem**, e não na avaliação da aprendizagem, para que os alunos possam melhorar suas realizações e progredir. Há diferentes maneiras de se conseguir isso, mas o princípio básico é sempre o mesmo. Você precisa:

- ▶ dispor de evidências claras sobre como estimular o aproveitamento individual;

- ▶ dar para os alunos e receber deles um *feedback* claro sobre o que precisam melhorar e qual a melhor maneira de conseguir isso, para que as intenções da aprendizagem sejam compartilhadas e os critérios para o sucesso sejam entendidos;

- ▶ envolver os alunos no domínio de sua aprendizagem, por meio da autoavaliação e da avaliação dos colegas.

A avaliação da aprendizagem não é nova, mas, à medida que dados mais ricos foram sendo disponibilizados, tornou-se uma ferramenta cada vez mais importante e penetrante, auxiliada por desenvolvimentos na tecnologia. As boas escolas reconhecem que esta não é uma atividade ocasional no fim de uma unidade de trabalho, mas uma atividade conjunta e contínua entre professor e aluno.

importante >>

Com a avaliação da aprendizagem, os professores obtêm informações que os ajudam a ajustar sua prática, enquanto os alunos ampliam o entendimento de seu progresso e do padrão esperado.

A maioria dos professores está familiarizada com muitos dos elementos de avaliação para a aprendizagem e reagem com flexibilidade às necessidades de seus alunos. Entretanto, onde há um contexto de escola integral que estabelece a prioridade da avaliação da aprendizagem, apoiada por sistemas eficazes para o rastreamento do progresso do aluno, o impacto da avaliação na aprendizagem provavelmente será considerável.

TECNOLOGIAS DE APRENDIZAGEM

Fazer um uso mais eficiente dos recursos de aprendizagem é um grande desafio para as escolas e essencial para qualquer discussão sobre a aprendizagem e o ensino. Há questões políticas fundamentais que precisam ser superadas, incluindo:

- ▶ o acesso individual à tecnologia da informação;
- ▶ a personalização da aprendizagem; e
- ▶ o planejamento das salas de aula e de áreas de aprendizagem, como a biblioteca e o centro de recursos.

O desenvolvimento de longo prazo da responsabilidade do aluno e da aprendizagem independente requer uma abordagem institucional, assim como o desenvolvimento do papel do professor no gerenciamento da aprendizagem baseada em recursos.

importante »

Os professores precisam ser vistos cada vez mais como **gerentes da aprendizagem** e menos como introdutores de informações. Nesse contexto, o uso e o gerenciamento das tecnologias de aprendizagem são fundamentais para que aconteça um aproveitamento eficaz.

As boas escolas terão uma visão estratégica sobre o lugar das TICs no currículo e sobre um melhor acesso para todos os aprendizes. Quando os alunos vão para a escola, muitos – evidentemente não os mais desfavorecidos – deixam o mundo conectado de suas casas, onde o acesso à televisão, ao vídeo e a computadores é lugar-comum, para entrar em um prédio onde os recursos das TICs ainda não são extensivamente aplicados na aprendizagem cotidiana, embora as novas tecnologias estejam fazendo um progresso considerável.

Felizmente, em uma sociedade e em uma economia em que as TICs estão transformando o nosso modo de viver e de ganhar nosso sustento, todas as escolas estão radicalmente examinando como os alunos deveriam estar aprendendo, principalmente por tudo o que sabemos sobre os alunos aprenderem em diferentes velocidades e de diferentes maneiras. As escolas deste novo milênio terão uma visão de como utilizar a **inteligência compartilhada** em vez de simplesmente confiar na inteligência do professor, embora nunca venham a esquecer-se de que o bom ensino do professor inspira a melhor aprendizagem.

> **dica**
>
> O uso pleno de novas tecnologias de aprendizagem ajuda os professores e apoia toda a equipe na criação de um ambiente no qual os alunos podem gerar ações e criar conhecimento, algo que pode ser realizado dentro de casa e na comunidade. A aprendizagem por meio das TICs, incluindo endereço de *e-mail* para a equipe e os alunos, vai melhorar e enriquecer o currículo e sua avaliação, oferecendo novas e estimulantes oportunidades para os aprendizes individuais terem acesso a uma variedade mais ampla de programas e materiais de aprendizagem de boa qualidade.

Uma boa escola tira plena vantagem do fato de que todos na comunidade de aprendizagem podem criar, receber, coletar e compartilhar textos, imagens e sons sobre uma grande variedade de tópicos, de maneiras mais estimulantes, mais ricas e mais eficazes em termos de tempo do que nunca. As boas escolas começaram a explorar as possibilidades de "coprodução" que a nova onda de tecnologias de *uploading* permite.

OS ALUNOS ASSUMEM SUA APRENDIZAGEM

Nós enfatizamos a importância de os alunos:

- atingirem um entendimento compartilhado dos objetivos de aprendizagem e de como alcançá-los;

- desenvolverem as habilidades e atitudes para se tornarem melhores aprendizes; e

- estabelecerem, por meio da voz, o hábito de falar sobre a aprendizagem e o ensino e sobre como melhorá-los.

> **para saber +**
>
> A respeito de alunos assumirem suas aprendizagens, é possível saber mais na obra *Dez novas competências para ensinar*, de Philippe Perrenoud, publicada pela Editora Penso.

As escolas têm um papel fundamental em ajudar os alunos a produzir habilidades e atitudes para a aprendizagem. Algumas têm desenvolvido seus próprios programas "Aprendendo a aprender" ou utilizado programas como o Opening Minds, da Royal Society Arts (RSA), progredindo, por meio de mapas mentais, para habilidades de pesquisa aliadas ao uso da internet.

Vários pesquisadores e escritores têm se referido ao **potencial de aprendizagem**, definido de várias maneiras, tais como:

- ▶ habilidade no sentido de ser capaz de aprender de diferentes maneiras;

- ▶ resiliência na prontidão e persistência na aprendizagem, com reflexibilidade na capacidade de se tornar mais estratégico com relação à aprendizagem;

- ▶ reciprocidade na capacidade de aprender sozinho e com os outros;

- ▶ responsividade na capacidade para se adaptar a diferentes estilos de aprendizagem, com ênfase particular na importância da inteligência emocional na aprendizagem e no como aprender.

Encorajando a aprendizagem, temos sempre recorrido aos domínios **cognitivo** e **afetivo**, belamente explicados por Sir Alec Clegg como "pães" e "jacintos". Nesse contexto, Clegg (1980) explicou:

> Os pães dizem respeito principalmente aos fatos e à sua manipulação, e baseiam-se no intelecto. Os jacintos dizem respeito aos afetos, desafetos, temores, entusiasmos e antipatias da criança, juntamente com sua coragem, sua compaixão e sua confiança.

Os professores e os outros adultos da escola têm um papel importante no estabelecimento de **expectativas claras** e na moldagem de **atitudes positivas** em relação à aprendizagem, expondo assim os jovens a uma ampla série de contextos e exemplos para a aprendizagem, junto com a experiência de genuína responsabilidade. Eles vão reconhecer que a aprendizagem ocorre em toda parte, usando uma ampla variedade de recursos culturais, sociais, financeiros e físicos – e certificando-se de que os alunos possam se apropriar dessas oportunidades.

Com relação à voz do aluno, as boas escolas estão engajando ativamente os alunos na moldagem da aprendizagem e do ensino, desenvolvendo **conversas de aprendizagem** entre os professores e os alunos, e também entre os alunos. Alguns exemplos disso são:

- ▶ solicitar que os alunos, como observadores das lições, deem *feedback* sobre determinadas aulas após terminá-las;

- ▶ envolver os alunos na participação de pesquisas sobre a qualidade do ensino e da aprendizagem;

- ▶ envolver os alunos no processo de seleção de novos membros da equipe;

- ▶ utilizar os alunos como recursos de aprendizagem um para o outro, ajudando seus colegas a aprender e a se desenvolver, tanto dentro da sala de aula quanto fora dela.

A fim de ajudar os alunos a assumir sua aprendizagem, as escolas estão mudando algumas de suas estruturas organizacionais para que a força de trabalho seja mais engrenada com a aprendizagem personalizada. Algumas escolas têm suplementado o papel do regente de classe com **assistentes de aprendizagem** e **instrutores de aprendizagem**; outras têm desenvolvido a ideia do **guia de aprendizagem**.

definição

Um guia de aprendizagem é uma pessoa que entra em contato com alunos individuais durante um período de tempo e trabalha com eles para estabelecer e avaliar suas necessidades de aprendizagem, bem como monitorar seu progresso, conseguindo atuar como um defensor deles.

O papel do guia de aprendizagem é diferente daquele dos orientadores, pois seu foco é especificamente **a maneira como o aluno está progredindo** em sua aprendizagem, em vez de lidar com questões particulares. Esse sistema garante que cada aluno tenha pelo menos uma pessoa na escola que o conheça, que saiba o que ele está aprendendo na escola e fora dela e que entenda suas necessidades globais de aprendizagem. A partir disso, o aluno, junto com o guia, estabelece metas para sua aprendizagem e analisa o progresso por meio de uma série de indicadores.

MELHORANDO A APRENDIZAGEM

As características do aprendiz não são permanentes: as experiências, a competência e as crenças prévias influenciam a presente aprendizagem, que pode ocorrer por meio de muitos canais e de diferentes estilos. Os aprendizes diferenciam-se em suas crenças sobre o sucesso e em sua motivação para aprender.

A escola, como principal local da aprendizagem institucional, exemplifica a aprendizagem eficaz encorajando sua personalização dentro de um clima de altas expectativas, ações conjuntas e responsabilidade compartilhada pela aprendizagem. Ela sabe que a aprendizagem eficaz ocorre onde os alunos conseguem:

- adquirir e usar uma série de habilidades;
- integrar conhecimento anterior e novo;
- pensar criticamente; e
- resolver problemas individualmente e em grupo.

> **importante** »
>
> As escolas que se tornam **comunidades de aprendizagem profissionais** estão mais capacitadas para se conectar com a aprendizagem fora da escola, para que suas crianças e jovens possam se tornar aprendizes eficientes, entusiasmados e independentes, comprometidos com um aprender para a vida toda e mais capazes de enfrentar as demandas da vida adulta.

O Relatório Gilbert, de 2006, identifica a melhor prática no ensino e na aprendizagem e faz algumas recomendações fundamentais, que são apresentadas no Quadro 6.8.

QUADRO 6.8 ▶ RECOMENDAÇÕES PARA A MELHOR PRÁTICA NO ENSINO E NA APRENDIZAGEM APONTADAS PELO RELATÓRIO GILBERT

AS ESCOLAS DEVEM...
...refletir um compromisso com a aprendizagem personalizada em suas políticas e em seus planos de aprendizagem e ensino, indicando as estratégias particulares a serem utilizadas.
...identificar suas próprias estratégias para incorporar a avaliação para a aprendizagem.
...considerar a melhor maneira de garantir que seu currículo apoie a aprendizagem personalizada.
...considerar qual a melhor maneira de integrar ao currículo o "Aprendendo a aprender" – concentrandose nas habilidades e atitudes de que os alunos necessitam para se tornarem melhores aprendizes.
...considerar de que maneira os melhores recursos dentro delas, como as novas tecnologias e o ambiente físico, podem contribuir para satisfazer seu compromisso com a aprendizagem personalizada.
...considerar todos os alunos e os grupos que não estão progredindo em qualquer nível e, baseadas nisso, pôr em ação planos de progresso para superar as barreiras à aprendizagem.

A CELEBRAÇÃO DO ENSINO E DA APRENDIZAGEM

Como dissemos no início do capítulo, o novo professor que se une à escola poderia se tornar melhor pelo simples fato de fazer parte do corpo docente se houvesse uma política concordante sobre a prática do ensino e da aprendizagem, bem como uma cultura mantendo o ensino e a aprendizagem de boa qualidade. Em tal cultura, tanto os alunos quanto os adultos estariam engajados como aprendizes ativos, encorajando a aprendizagem de todos os demais.

O *Times Educational Supplement** teve, durante algum tempo, uma coluna semanal com o tema "meu melhor professor", e é interessante refletir sobre as qualidades do professor mais frequentemente comentadas por seus antigos alunos. Os artigos reafirmam a alegria de ensinar e aprender e mostram a todos nós que podemos instantaneamente nos lembrar, por nossa própria experiência, dos professores que eram entusiasmados, comprometidos e dedicados, tratavam todos com justiça e estavam interessados em nós como indivíduos.

para refletir !!!

Lembramo-nos de nossos melhores professores como aqueles que:

- tornavam a aprendizagem estimulante;
- eram bons comunicadores;
- estavam sempre dispostos a ajudar; e, obviamente,
- gostavam de seu trabalho.

Também nos recordamos de sua espontaneidade, seu humor e sua maneira de agir. Acima de tudo, nos lembramos deles como professores apaixonados que gostavam de crianças, adoravam aprender e tinham a capacidade de tocar nossos corações.

Em seu livro *The Passionate Teacher,* Robert Fried (1995) declara que, para os professores,

> [...] a paixão não é apenas um traço de personalidade que algumas pessoas têm e outras não, mas sim algo que pode ser descoberto, ensinado e reproduzido, mesmo quando os regulamentos da vida escolar conspiram contra isso. A paixão e o senso prático não são conceitos opostos; o bom planejamento e o bom propósito são tão importantes quanto a dedicação e a espontaneidade para extrair o melhor dos alunos.

Na escola realmente bem-sucedida, todos se beneficiam da capacitação e do mentoramento em uma cultura compartilhada e do entendimento dos processos de aprimoramento. Ter uma visão compartilhada é vital para as organizações de aprendizagem porque proporciona o foco e a energia para a aprendizagem. É percebido pelo novo professor que a escola é, com frequência, visitada por outros diretores, professores e conselheiros que estão ansiosos para ver em primeira mão a eficácia do ensino e da aprendizagem na escola, e para participar mais do debate para torná-lo ainda melhor.

---

* Para mais informações acesse <http://www.tes.com/uk>.

para saber +

Sobre a prática da visão compartilhada, ver mais na obra *Pensamento sistêmico: caderno de campo*, de Aurélio L. de Andrade e colaboradores, publicada pela Editora Bookman. Ver também *A quinta disciplina: caderno de campo*, de Peter Senge e colaboradores, publicada pela Editora Qualitymark.

Um passeio por uma escola bem-sucedida proporciona outras oportunidades para questionar, especular e analisar. A sala de aula, assim como todas as áreas e os espaços de aprendizagem, faz sua contribuição para a alegria e o entusiasmo do processo de aprendizagem. Os ritmos do dia e do ano letivo proporcionam oportunidades melhoradas de ensino e aprendizagem e também para suas celebrações. A comunidade escolar tem, evidentemente, considerado:

- ideias de assembleias de aprendizagem;
- oportunidades para o estudo independente na biblioteca ou em áreas específicas de recursos;
- circunstâncias para o desenvolvimento de habilidades de estudo; e
- oportunidades de aprendizagem individual para superar uma dificuldade de aprendizagem ou estender um talento.

dica

As TICs melhoram as oportunidades para alunos, professores e pais aprenderem um com o outro, assim como por meio de programas específicos e da internet.

A extensão do currículo e as oportunidades de enriquecimento proporcionam aprendizagem durante o ano todo por meio de experiências residenciais ou da oportunidade de se unir a outros alunos em organizações de aprendizagem, que proporcionam experiências após a escola e durante as férias. Em suma, a escola se esforça para proporcionar sucesso para todos – tanto para a equipe quanto para os alunos –, oferecendo muitas entradas para o sucesso e oportunidades para celebrá-lo.

CARACTERÍSTICAS DE UMA ESCOLA DE APRENDIZAGEM

As características de uma escola de aprendizagem são resumidas no Quadro 6.9.

QUADRO 6.9 ▶ CARACTERÍSTICAS DE UMA ESCOLA DE APRENDIZAGEM

APRENDIZAGEM PERSONALIZADA

Ajuda a cada criança e jovem a ter um melhor aproveitamento por meio da educação moldada às necessidades, aos interesses e às aptidões do indivíduo, e também a satisfação de seu potencial pela provisão de motivação para ser um aprendiz independente pela vida afora.

PLANOS DE APRENDIZAGEM

Todos os membros do corpo docente têm um plano de aprendizagem anual, assim como um portfólio, para ajudá-los a melhorar suas habilidades.

ESTILOS DE APRENDIZAGEM

Reconhecimento de que as crianças e os adultos aprendem de maneiras diferentes, o que é refletido por meio da pedagogia.

HÁBITOS DE APRENDIZAGEM

Integração do "Aprendendo a aprender" ao currículo, concentrando-se nas habilidades e atitudes que os alunos necessitam para se tornarem melhores aprendizes.

DIÁLOGOS DE APRENDIZAGEM

Abordagem planejada e sistemática do diálogo profissional, assim como do diálogo entre o corpo docente e os alunos.

PASSEIOS DE APRENDIZAGEM

Abordagem concentrada para descobrir a melhor prática dentro da escola, assim como recebendo e visitando outras escolas.

GUIAS DE APRENDIZAGEM

Tendo por base o princípio de que todos os alunos devem ter pelo menos uma pessoa que os conhece e sabe o que eles estão aprendendo, os guias de aprendizagem estabelecem metas para a aprendizagem, monitoram o progresso e podem agir como um defensor do aluno dentro da escola. Esta característica é válida principalmente para as escolas de ensino médio.

AVALIAÇÃO PARA A APRENDIZAGEM

Entendimento da posição de cada aluno em sua aprendizagem, dando-lhe *feedback* de qualidade e planejando os próximos passos com objetivos compartilhados.

FÓRUNS DE APRENDIZAGEM

Reuniões para os docentes particularmente interessados nas abordagens inovadoras do ensino e da aprendizagem, onde a pedagogia é explorada, compartilhada, experimentada e depois discutida.

CONSIDERAÇÕES FINAIS

Iniciamos este capítulo afirmando que a qualidade do ensino e da aprendizagem está no cerne do aprimoramento da escola, e descrevemos processos e práticas que permitem a qualquer escola garantir a melhoria contínua nesta área. Em particular, enfatizamos a importância do estabelecimento e do desenvolvimento de uma cultura eficaz de ensino e de aprendizagem, constantemente energizada pelo corpo docente e pelos alunos, assumindo a responsabilidade de melhorar o que nele já havia de melhor.

Nesse sentido, as boas escolas estão sempre em formação, levando muito a sério a sua missão e desenvolvendo sua própria dinâmica interna relacionada a:

▶ uma curiosidade intelectual insaciável com referência aos campos do conhecimento e da pedagogia;

▶ um impulso incansável para atingir padrões mais elevados de realização para todos os alunos;

▶ um enorme compromisso para gerar confiança, competência e autoestima entre todos os aprendizes; e

▶ professores e funcionários entusiasmados, cujo objetivo é sempre a mais alta qualidade das experiências de aprendizagem para os alunos.

BRIGHOUSE, T.; WOODS, D. *Como fazer uma boa escola?* Porto Alegre: Artmed, 2010.

REFERÊNCIAS

CLEGG, Sir A. *About our schools*. Oxford: Blackwell, 1980.
FRIED, R. L. *The passionate teacher*. Boston: Beacon Press, 1995.
HARGREAVES, D. H. *A new shape for schooling?* London: SSAT, 2006.
HARGREAVES, D. H. *Personalised learning*. London: SSAT, 2005.

Índice

Números de página seguidos de *f* referem-se a figuras, *q* a quadros e *t* a tabelas.

A

Agentes educacionais, 12
Aluno(a), 26
Análise das limitações, 12
Análise das possibilidades, 12
Aprender a ler, 39, 42
Aprendizagem da leitura e ensino, 25-64 *ver* Ensino e aprendizagem da leitura
Aprendizagem e ensino, 165-192 *ver* Ensino e aprendizagem
Aptidões e atitudes, 5 *ver* Atitudes e aptidões
Aspectos formais da linguagem, 45
Assessores de conteúdos de aprendizagem, 104
Assessores de determinadas áreas, 104
Assessores psicopedagógicos, 104
Atitudes e aptidões, 5
    adaptabilidade, 5
    aprender a aprender, 5
    capacidade de trabalho em equipe, 5
    empatia, 5
    empreendedorismo, 5
Atividade interpretativa, 39
Autossocioconstrução dos saberes, 79

C

Calendário de maturação, 122
Clima afetivo positivo, 95
Clima relacional, 95
Competência, educação por, 1-23 *ver* Educação por competência
Competência, uso do termo, 2
Competências-chave, 71
Comunidades de aprendizagem profissionais, 187

Concepções dos aprendizes, 71
Conhecimentos e técnicas, 5
Construção do sentido, 38
Contrato pedagógico e didático, 78
Corresponsabilidade, 15

E

Educação compensatória, 31
Educação formal, 11
Educação informal, 11
Educação não formal, 11
Educação por competência, objetivo da, 1-23
    educação, finalidades da, 8*q*-10*q*
        instâncias internacionais, 8*q*-10*q*
        instâncias nacionais, 8*q*-10*q*
    educação, objetivos, 7
    ensino, competências que deve desenvolver, 6
    ensino, objetivos do, 6
    escola, papel da, 4
    escola que deve educar, 3
    escola que deve instruir, 3
    família e escola, 13
    finalidades educacionais, 16
    formação integral, 2
    formação para a vida, 2
    informes escolares, 16
        formulário de avaliação elaborado pela empresa Àgilmic, 18, 18*t*-19*t*
        formulário de avaliação utilizado na escola Almen, 20, 20*t*-23*t*
        informe tradicional, 17, 17*q*
    princípios de aceitação geral, 2
    sistema educacional, 7, 12*f*
    sistema escolar, 7
Ensino e aprendizagem, 165-192
    alunos assumem sua aprendizagem, 184

avaliação da aprendizagem, 182
características de uma escola de
   aprendizagem, 190, 190q-191q
celebração do, 187
culturas de, 166
ensino de alta qualidade, 170
estilos de aprendizagem, 180
melhorando a aprendizagem, 186
   recomendações para a melhor prática,
     187q
perguntas, 174
   ordens de perguntas de professores, 175q
personalizando a aprendizagem, 176
   atividades para estimular a aprendizagem
     pelo resto da vida, 179q
   componentes da aprendizagem
     personalizada, 177q
   portais da educação personalizada, 178f
política acordada sobre a prática do, 167
política para o, 168q-169q
professores que se destacam, características
   dos, 171q
   maneiras de trabalhar a autoestima dos
     alunos, 172q
   maneiras de trabalhar a expectativa dos
     alunos, 173q
tecnologias de aprendizagem, 183
Ensino e aprendizagem da leitura, 25-64
   compreensão leitora, ensino da, 39
     atividades orientadas a aprender a ler, 42
       atividades de manipulação, 45
       compreensão do texto, 42
       exercitação de aspectos formais da
         língua, 45
     atividades orientadas a ler para aprender,
       40
     atividades que o professor mantém o
       monopólio da interpretação, 46
     como ensinar a compreender, 54
       ajudar a interiorizar orientações a
         serem seguidas, 60
       elaborar uma hipótese inicial sobre
         o que deve dizer, 60
       localizar o que é dito sobre o texto,
         60
       localizar o tema de que trata o
         texto, 60
       praticar a enumeração, 60
       aumentar a sensibilidade às
         incoerências do texto, 58
       ficha de redação do tema, 63f
       incrementar a iniciativa de alunos(as),
         54
       intervenção de professores no
         comentário coletivo de textos, 59q
       modelagem do professor, 55
       oferecer modelos de compreensão e
         controle, 55
       questionário de pré-leitura, 62f
       relacionar a compreensão com a
         produção de textos, 61
       representação das hierarquias, 57f
       utilizar formas gráficas de
         representação, 54
       utilizar técnicas de discussão coletiva,
         58
     compreensão, causas das dificuldades de,
       51
       estratégias de controle de sua própria
         compreensão, 53
       níveis intermediários da informação
         do texto, 51
     ensinar a compreender, necessidade de,
       48
     compreensão do texto, problemas da,
       49
     leitores com um grau de compreensão
       elevado, 52q
     leitores que não atingem a
       interpretação do texto, 52q
   falta de ensino da, 39
ensino da leitura, algumas condições para,
   30
   comunicação descontextualizada, 31
   consciência metalinguística, fomentar a,
     34
   diversidade de textos e leituras,
     experimentar a, 37
   ler em voz alta, 38
   ler sem ter que oralizar, 37

língua escrita, familiarizar o aluno com a, 33
partir do que os alunos sabem, 30
relação positiva com o escrito, criar uma, 33
textos concebidos para sua leitura, utilizar, 34
leitura e suas implicações no ensino, concepção da, 26
Ensino, sentido do, 3
Ensino, significado do, 5
Escola, 3, 14, 26
Escola ativa, 27
Estruturas textuais, 51
Evidência do conflito, 97

F

Família, 14, 15
Finalidade da educação, 6
Formação integral, 2
Formar para a vida, 2
Função instrutiva, 6

H

Humanities Curriculum Project (HCP), 155

I

Instrumentos de coleta de informações e de observação, 94

L

Lectoescrita, 26

M

Matriz disciplinar, 71
Método SQ3R, 61
Modelo de classificação VAK, 180
Modelo de ensino direto, 55
Modelo mais centrado nos aprendizes, 68
Modelo maturacionista, 27
Modelo psicolinguístico-cognitivo, 28
Modelos de processamento ascendente, 39
Modificação das finalidades do sistema educativo, 49

N

Necessidade de melhorar as aprendizagens, 49
Noções-núcleo, 71
Novos currículos e novos materiais, 149-163
cidade como experiência cultural e currículo, 160
currículo como investigação e os novos materiais curriculares, 161
currículo da escola do futuro, aspectos sobre o, 154q-155q
materiais como "peças de evidência", 157
novas tecnologia, 150
novos materiais curriculares como praxiologia, 153
novos territórios de escolarização, 152
velhas pedagogias, 150

O

Objetivos da leitura, 33

P

Papel das famílias, 14
Pedagogia de domínio, 69
Pedagogia por objetivos, 70
Percursos escolares, 3
Perguntas aplicadas, 58
Perguntas interpretativas, 58
Perguntas literais, 58
Pleno desenvolvimento da personalidade humana, 11
Praxiologias, 153
Princípios de procedimento, 157
Princípios éticos, 6
Procedimentos de leitura, 31
Processo psicológico específico, 27
Processos gerais de representação humana da realidade, 28
Produções orais descontextualizadas, 32
Professor, 26
Projeto curricular de escola, 89-147 *ver* Trabalho de equipe e projeto curricular de escola
Projeto educativo de escola, 106

Q

Quantidade de informação, 36

R

Recitação, 58
Relação com a língua oral, 31
Relações intersubjetivas, 85
Representação física, 31
Responsabilidade das famílias sobre a da escola, 15

S

Saber ler, 42
Saber ler literário, 42
Sentimento de pertinência a um grupo, 93
Sistema de representações, 72
Sistema educacional, 11
Sistema escolar, 11, 15
Situações de aprendizagens, organizar e dirigir, 55-87
    competências específicas, 69
        análise *a posteriori* das situações e das atividades, 70
        avaliação, 70
        conhecer os conteúdos a serem ensinados, 69
        exemplo da fortaleza, 75f
        forma como o problema será trabalhado, 76q
        nível de conhecimento dos alunos, 76q
        planejamento didático, 70
        trabalhar a partir das representações dos alunos, 71
        trabalhar a partir dos erros e dos obstáculos à aprendizagem, 74
        tradução em objetivos de aprendizagem, 69
        triângulo retângulo inscrito em um retângulo, 77f
    dispositivos e sequências didáticas, construir e planejar, 78
    envolver os alunos em atividades de pesquisa, 82
    envolver os alunos em projetos de conhecimento, 82

T

Técnicas e conhecimentos, 5
Tecnologias da informação e da comunicação (TICs), 177
Tecnologias de aprendizagem, 176
Textos informativos, 41
Textos literários, 41
Trabalho de equipe e projeto curricular de escola, 89-147
    avaliação na escola, como propor a, 144
    avaliar nossa prática, como revisar e, 144
    colaboração de assessores externos, 104
    componentes do projeto curricular de escola, 116
        metodologia de trabalho na escola e na sala de aula, 134
            colaboração, 137q-138q
            envolvimento das famílias na educação infantil, 137q-138q
            intervenção educativa na educação infantil, 135q-136q
            metodologias mais utilizadas, 139
            princípios de intervenção educativa, 135
            tipos de atividades priorizadas na escola, 138
        modelo A, 117
            índice do projeto curricular da escola, 118q
        modelo B, 117
            índice do projeto curricular da escola, 119q
        o que pretendemos, 120
            afirmações questionáveis, 131q
            capacidades, 124
            conteúdos, 124
            critérios derivados da análise do contexto, 131
            critérios evolutivos, 128
            critérios psicopedagógicos, 126
                sequenciação das aprendizagens, 127q

finalidades, 120
objetivos, 120
sequenciação de conteúdos e unidades
 de programação, 131
  critérios ao longo do curso, 132q-133q
  no decorrer do curso escolar, 132
interação entre as crianças e tipos de
 agrupamentos, 142
organização do tempo e da jornada, da
 semana ou do curso escolar, 143
projeto curricular de escola (PCE), 106
 como revisar e avaliar, 115
 como se começa, 110
  identificação de problemas, 113q
  principais necessidades, 112q
 estratégias de elaboração, 111
  análise dos materiais curriculares, 115
  elaboração de unidades didáticas
   sequenciadas, 114
  explicitação do projeto atual, 113
  procedimento dedutivo, 112
  sequenciação parcial, 114
 para que se faz, 106
  ferramenta documental, 110
  formação permanente, 109
  melhoria da qualidade de ensino, 109
  motivações e perspectivas para
   elaborar, 107q
  tomada de decisões, 108

reuniões em equipes, 101
 orientações para, 102q-104q
tipos de interação com as crianças, 141
tipos de intervenção da educadora, 141
trabalho de equipe, 90
 análise e revisão da prática, 93
 atividades compartilhadas e atuação, 92
 escola infantil, 91
 planejamento conjunto, 92
trabalho de equipe e clima institucional da
 escola, 98
 escolas com clima positivo e prática
  educativa eficaz, 99q-100q
 promover e aceitar as iniciativas dos
  diferentes membros, 100
 resolver os problemas que surgem, 98
 ser capaz de explicar, 98
trabalho de equipe e relações pessoais, 95
utilização e à organização dos espaços, 144,
 145q
Tradição escolar de caráter propedêutico, 17
Trajetória coletiva, 81
Transposição didática, 69

V

Valores, 6
Vida cotidiana, situações da, 33
Visão educativa, 6